KAYSERS
KULTIGE KÜCHE

Eric Kayser

in Zusammenarbeit mit Yaïr Yosefi

KAYSERS KULTIGE KÜCHE

Extravagant und cool – 60 neue Kreationen

Fotos Clay McLachlan

Aus dem Französischen von Ingrid Ickler

Flammarion

Inhalt

Eric Kay

Da ich das Kneten, Formen und Backen liebe, habe ich mir meine Leidenschaft für das bewahrt, was das Brot ausmacht – die Zutaten mit ihrer langen Geschichte. Die Frage nach einer gesunden und ausgeglichenen Ernährung lässt uns die Qualitäten der »rohen«, wenig behandelten Lebensmittel wieder entdecken. Und damit hängt auch die Rückkehr zu gutem Brot zusammen.

Es gibt heute keinen ernährungswissenschaftlichen Artikel, der nicht die positive Wirkung von Getreide, Kernen und Nüssen sowie Trockenfrüchten hervorhebt. Ihr natürlicher Reichtum an verschiedenen Nähr- und Ballaststoffen macht sie zum unverzichtbaren Bestandteil einer gesunden Lebensweise. Auch wenn wir den Nährwert von Trockenfrüchten kennen, die wir beim Ausdauersport zu uns nehmen, wissen wir wirklich, was im Weizen, in der Gerste, im Roggen oder im Hafer steckt?

Bislang bezogen sich meine Bücher immer unmittelbar auf meinen Beruf als Bäcker. Das Brot in allen seinen Formen nahm dort den zentralen Platz ein. In diesem Buch widme ich mich Getreide, Kernen und Nüssen sowie Trockenfrüchten, die in meinen Broten enthalten sind. Jeder Kern, jede Nuss, jedes Getreidekorn hat seinen eigenen Geschmack, seine besondere Textur, die wir ein wenig vergessen haben.

All diese Rezepte sind einfach, und Sie finden die Zutaten problemlos in Bioläden oder Feinkostgeschäften Ihrer Wahl. Kaufen Sie nach Ihrem Geschmack Bioprodukte, ohne Konservierungsmittel, aus fairem Handel.

Es geht hier nicht darum, den nahrhaften, aber doch recht geschmacklosen »mittelalterlichen Körnerbrei« wiederzubeleben, sondern in diesen köstlichen Rezepten soll der einzigartige Geschmack der verwendeten Zutaten optimal zur Geltung kommen.

Eric Kayser

Getreide

»Ich liebe das Getreide.
Seine Farbe, sein Duft und sein Geschmack
bereichern meine Alltagsarbeit.«

Weizen

Ursprünglich bezeichnet das Wort Weizen alle Getreidesorten der Familie der Süßgräser, wozu Weizen, Hafer, Roggen und Gerste gehören.

Heute wird das Wort für eine veredelte Weizensorte verwendet, die die Basis für ein luftiges und weiches Brot bildet.

Der Weizen, der aus dem Mittelmeergebiet stammt, bildet in mehrerlei Hinsicht die Grundlage für die Entwicklung der westlichen Zivilisation. Noch heute ist er in unserer Alltagsernährung in verschiedenen Formen präsent.

Er ist reich an Nährstoffen wie Phosphor, Kalzium, Mineralsalze und Proteine (Gluten). Die Schale, allgemein als Kleie bekannt, enthält die für eine gute Verdauung nötigen Ballaststoffe.

Der Weizenkeimling ist reich an Vitamin E, das als Mittel gegen das Altern heute sehr gefragt ist.

Der Weizen lässt sich gut mit delikaten Aromen verbinden. Man kann ihn gekocht oder als Grieß wie beim Bulgur verwenden. Wichtig ist, ihn nicht zu lange zu kochen, weil man sonst einen schweren, schlecht verträglichen Brei erhält.

Ein Bäcker entwickelt zu dem Getreide, das er täglich mit den Händen bearbeitet, eine besonders innige Beziehung.

Roggen, Hafer und Gerste

Diese drei Getreidearten haben vergleichbare Schicksale. Vor allem ist ihr Anbau seit der Antike über die Jahrhunderte deutlich und unumkehrbar zurückgegangen, weil sie weniger gut zur Brotherstellung geeignet sind als der Weizen. Die Gerste ist das älteste domestizierte Getreide.

Heute dient der Hafer vor allem als Viehfutter, die Gerste wird für die Bierherstellung zu Malz verarbeitet, und nur der Roggen findet sich noch als kräftiges, feinporiges Brot auf unserem Tisch.

Diese Getreidearten sind sehr unterschiedlich. Der Hafer zum Beispiel ist außerordentlich nährstoffhaltig, was seine wichtige Rolle bei der Herstellung von Säuglingsnahrung erklärt. Die frisch schmeckende Gerste und der an Mineralstoffen und Vitamin B reiche Roggen kehren zunehmend auf unseren Speiseplan zurück.

Ich verwende diese drei zwar verschiedenen, aber sich ergänzenden Getreidearten sehr gern, die so sehr zur Geschichte unseres Kontinents gehören.

Mais

Diese Getreideart wurde von Christoph Kolumbus aus Amerika importiert, wo sie vor der Entdeckung des Kontinents zuerst in Mexiko kultiviert wurde. Mais hatte den großen Vorteil, auf armen Böden zu wachsen.

Mais ist reich an Stärke, Phosphor und Magnesium und wird gegrillt, als Brei, als Polenta oder gebacken als Tortilla gegessen. Vor allem aber ist er Teil von gemischten Salaten. Man macht auch das in der Küche gern verwendete Maismehl daraus sowie Popcorn, dessen weltweiter Verzehr durchaus beträchtlich ist.

Auch wenn der Mais heute in die Kritik geraten ist, weil der Anbau viel Wasser erfordert, bleibt er für mich ein wichtiges Getreide, das zum alltäglichen Wohlbefinden beiträgt. In der Küche liebe ich seine Chamäleonnatur – mal knusprig und frisch, mal warm und cremig.

Buchweizen

Der Buchweizen, der aus Mittelasien stammt, ist keine Getreideart, sondern gehört botanisch zu den Wiesenkräutern, auch wenn er in der Küche wie Getreide verwendet wird. Sein deutscher Name leitet sich wohl von den bucheckernförmigen Samen ab. In Europa wird er seit dem Ende des Mittelalters angebaut und wird auch »schwarzes Welschkorn«, »Schwarzpolenta« oder »Sarazenenkorn« (was der französischen Bezeichnung entspricht) genannt.

Er ist vor allem in der osteuropäischen Küche vertreten und gibt vielen Gerichten, Käse oder sogar Kuchen einen eigenen Geschmack. Er ist sehr nährstoffreich, und seine Proteine enthalten wichtige Aminosäuren. Ferner ist er reich an Ballaststoffen und Antioxidantien.

Buchweizen hat zwar einen eigenständigen Geschmack, lässt sich aber dennoch gut mit anderen Lebensmitteln kombinieren. Wie die Japaner liebe ich es, Pasta aus Buchweizen- statt aus Weizenmehl zu machen – ein einfaches Mittel, die Alltagskost zu variieren.

Quinoa

Die Körner der aus Peru stammenden Pflanze sind nicht allgemein bekannt. Diese Pflanze ist keine Getreideart, sondern gehört zur selben Familie wie die Roten Bete.

Quinoa hat viele wichtige Eigenschaften. Zuallererst ist es reich an Proteinen, Mangan und Eisen, was es genauso interessant für die Ernährung macht wie Getreide. Außerdem hat es den großen Vorteil, kein Gluten zu enthalten – für alle, die allergisch auf Gluten reagieren, eine gute Alternative.

Seit einigen Jahren findet man Quinoa zunehmend im Handel. Es hat keinen ausgeprägten Eigengeschmack, so dass man es in den verschiedensten schmackhaften Rezepten verwenden kann. Deshalb essen auch Kinder gern dieses neue Nahrungsmittel mit vielen guten Eigenschaften. Da ohne Gluten, ist Quinoa leicht verdaulich.

Ich habe diese Körner neu für mich entdeckt und schätze sie sehr.

Hirse

Hirse ist eine in Europa seltene Getreideart; vorwiegend wird sie in Westafrika angebaut.

Ihr Nährstoffwert ist vergleichbar mit Reis, und der hohe Kohlehydratgehalt (84 %) macht Hirse zu einem besonders energiereichen Nahrungsmittel.

In der Küche verwendet man Hirse wie Pasta oder Reis.

MAISBROT OHNE GLUTEN

Für 2 Brote
Vorbereitungszeit: 15 Minuten
Zubereitungszeit: 55 Minuten

Zutaten

600 ml Milch
50 g Maisgrieß
300 g feines Maismehl
150 g Butter
4 Eier
20 g Bäckerhefe
Salz

Ein einfaches Brot, feinporig und geschmackvoll, obwohl ohne Gluten zubereitet.

400 ml Milch in einem Topf erhitzen, den Maisgrieß hinzufügen und 5 Minuten kochen lassen. Salzen. Das Maismehl langsam unterrühren und bei milder Hitze 10 Minuten köcheln lassen. 120 g weiche Butter untermengen und von der Kochstelle nehmen.

Die 4 Eigelbe in einer großen Schüssel mit der übrigen Milch verschlagen, die Hefe hinzufügen und beiseite stellen.

Die Eiweiße zu festem Schnee schlagen.

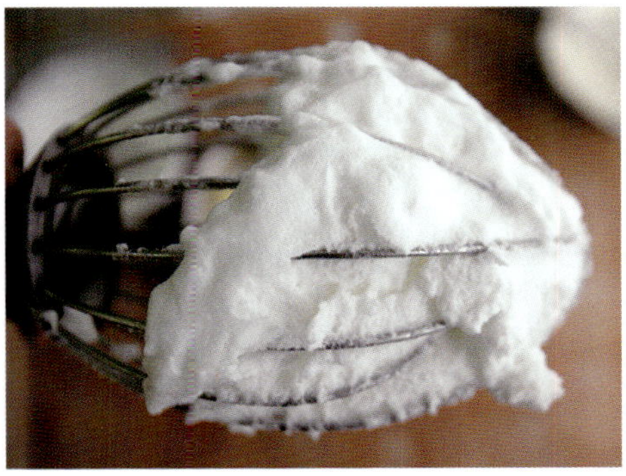

Die Eigelb-Milch-Mischung unter den Teig ziehen.

Nach und nach den Eischnee vorsichtig unter den Teig heben.

Den Ofen auf 180 °C vorheizen.
Den Brotteig in zwei gebutterte Kastenformen geben und 40 Minuten backen.

Aus der Form nehmen und vor dem Servieren abkühlen lassen.

KAYSER
PARIS

BULGUR MIT MARINIERTEN PAPRIKA

Für 4 Personen
Vorbereitungszeit: 20 Minuten
Ruhezeit: 30 Minuten
Zubereitungszeit: 35 Minuten

Zutaten

450 g grobkörniger Bulgur
2 rote Paprikaschoten
2 grüne Paprikaschoten
2 gelbe Paprikaschoten
250 ml Olivenöl
70 ml Balsamessig
3 Knoblauchzehen
1 TL Zimt
Salz, Pfeffer aus der Mühle

Den Bulgur waschen.

Den Ofen auf 210 °C vorheizen.

Die Paprikaschoten im Ofen so lange schmoren, bis die Haut Blasen wirft (ca. 20 Minuten). Dabei mehrfach wenden. Herausnehmen und etwa 30 Minuten in eine Plastiktüte geben, was das Abziehen der Haut erleichtert.

Die Haut abziehen und Stiel, Kerne und weiße Trennwände entfernen.
Die Paprika vierteln und in 200 ml Olivenöl, dem Balsamessig, Salz und Pfeffer sowie den geschälten und zerdrückten Knoblauchzehen marinieren.

Das übrige Olivenöl erhitzen, den Zimt zugeben und den Bulgur 2 Minuten glasig anschwitzen. 800 ml Wasser hinzufügen. Mit Salz und Pfeffer würzen.

Bei mittlerer Hitze 10 Minuten köcheln lassen. Häufig umrühren, bis die Konsistenz von Couscous erreicht ist.

Den Bulgur in einer großen Schüssel anrichten und die Paprikaviertel darum herum legen.

Als Vorspeise, als Beilage zu gegrilltem Fleisch oder als vegetarisches Gericht servieren.

Mein Tipp
Wenn Sie die Paprika am Tag zuvor garen und marinieren, schmecken sie noch besser.

KRÄFTIGE DINKELSUPPE IN DER BROTSCHALE

Für 4 Personen
Vorbereitungszeit: 25 Minuten
Einweichzeit: über Nacht
Zubereitungszeit: 1 Stunde 10 Minuten

Zutaten

500 g Dinkelkörner
4 kleine Dinkelbrote à 250 g
oder ein großes Dinkelbrot von 1 kg
4 Knoblauchzehen
2 Zwiebeln
1 kleiner Kopf Weißkohl
1 kleiner Kopf Grünkohl
50 g Butter oder Gänsefett
1 Markknochen
1 Bouquet garni (Lorbeer, Petersilie, Thymian, Majoran)
Salz, Pfeffer aus der Mühle

Am Vorabend
Den Dinkel waschen und über Nacht einweichen.

Am Tag darauf
Den Dinkel abgießen. Die Brote so aushöhlen, dass Suppenschalen entstehen.
Den Ofen auf 180 °C vorheizen. Die Brote im Ofen leicht bräunen. Die Innenseiten mit einer geschälten Knoblauchzehe einreiben.

Die Zwiebeln und die Knoblauchzehen schälen und in feine Scheiben schneiden.
Die Kohlköpfe vierteln, den Strunk entfernen und die Viertel in feine Streifen schneiden.
Die Butter oder das Gänsefett erhitzen und in einem Topf die Zwiebeln und den Knoblauch glasig anschwitzen. Markknochen, Dinkel und Bouquet garni sowie 3 l Wasser hinzufügen.
Auf mittlerer Hitze 45 Minuten köcheln lassen.
Den Weißkohl hinzufügen. Mit Salz und Pfeffer würzen. 10 Minuten köcheln lassen.
Den Grünkohl hinzufügen und weitere 5 Minuten köcheln lassen.

In die Brotschalen geben und sofort servieren.

Mein Tipp
Dinkelkörner finden Sie in Bioläden oder Feinkostgeschäften.

TOPINAMBURSCHEIBEN AUF WEIZENRISOTTO

Für 4 Personen
Vorbereitungszeit: 20 Minuten
Einweichzeit: über Nacht
Zubereitungszeit: 1 Stunde 10 Minuten

Zutaten

450 g Weizenkörner
350 g Topinambur
1 Bouquet garni (Lorbeer, Petersilie, Thymian, Majoran)
2 Markknochen
3 Schalotten
100 g Butter
Fleur de sel
Pfeffer aus der Mühle

Am Vorabend

Den Weizen waschen und über Nacht einweichen. Das Einweichen entfällt, wenn man vorgekochten Weizen verwendet.

Am Tag darauf

Den Weizen abgießen.

Den Topinambur waschen und in 1,5 l Wasser mit dem Bouquet garni und den Markknochen ca. 35 Minuten kochen, bis er weich ist. Abgießen, dabei das Kochwasser auffangen und beiseite stellen.

Den Topinambur schälen und in jeweils 4 Scheiben von 5 mm schneiden. Den Rest mit einer Gabel zerdrücken.

In einem Topf die fein geschnittenen Schalotten in 50 g Butter glasig anschwitzen, den Weizen und den zerdrückten Topinambur hinzufügen und mit dem Topinambur-Kochwasser bedecken. 30 Minuten köcheln lassen, bis der Weizen weich ist. Bei vorgekochtem Weizen die Kochzeit auf der Packung beachten.
Den Weizen abgießen, die übrige Butter hinzufügen und mit Pfeffer würzen.

Mit den Topinamburscheiben und Fleur de sel dekorieren und sofort servieren.

Mein Tipp

Um das Gericht zu verfeinern, dekorieren Sie es mit feinen Trüffelscheiben.

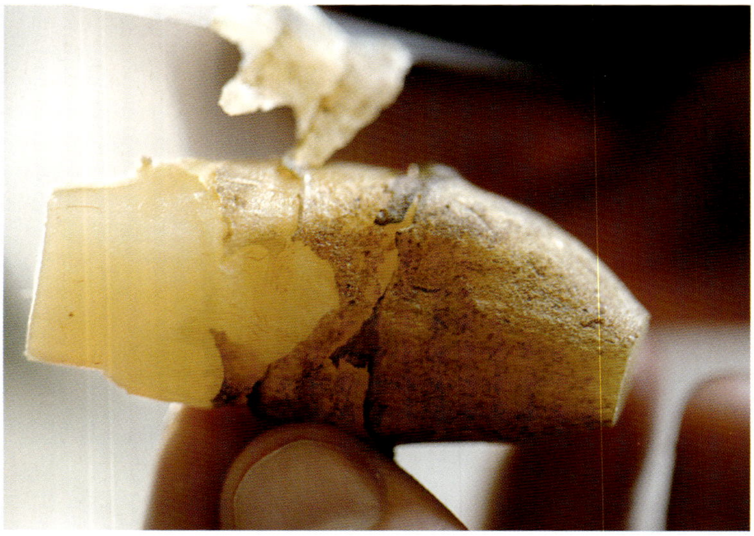

MUSCHELN
IM WEISSBIERSUD

Für 4 Personen
Vorbereitungszeit: 20 Minuten
Zubereitungszeit: 10 Minuten

Zutaten

2 kg Miesmuscheln
1 Stängel Zitronenmelisse
1 Limette
1 Zwiebel
50 g Butter
250 ml Weißbier
Salz, Pfeffer aus der Mühle

Die Muscheln bürsten. Offene Muscheln wegwerfen.

Die Zitronenmelisse in 1 cm große Stücke schneiden.

Eine Hälfte der Limette in 5 mm dicke Scheiben schneiden, die andere Hälfte auspressen und den Saft beiseite stellen.

Die gehackte Zwiebel in einem Topf in der Butter glasig anschwitzen.
Die Muscheln, die Zitronenmelisse und das Bier hinzufügen und zugedeckt 3 Minuten kochen lassen.

Die Limettenscheiben hinzufügen und weitere 3 Minuten kochen lassen. Mit Salz und Pfeffer würzen.

Die Muscheln in tiefen Tellern servieren. Dabei etwas Limettensaft darüberträufeln.

Mein Tipp
Verwenden Sie sehr gutes Weißbier (Weizenbier), das Sie auch als Getränk dazu servieren können. Der süße Weizengeschmack passt hervorragend zu diesem frischen Gericht.

RÄUCHERKÄSE MIT BASILIKUM-AVOCADO

Für 4 Personen
Vorbereitungszeit: 20 Minuten
Zubereitungszeit: 5 Minuten

Zutaten

1 kleines Bund Basilikum
100 ml Olivenöl
Saft von ½ Zitrone
1 Avocado
2 Kugeln geräucherter Käse (vorzugsweise Scamorza) à 250 g
1 Roggenbrot (300 g), der Länge nach aufgeschnitten
Salz, Pfeffer aus der Mühle

Das Basilikum waschen und abzupfen. Mit dem Olivenöl, Salz und Pfeffer sowie dem Zitronensaft pürieren.

Die Avocado schälen, in 1,5 cm große Würfel schneiden und vorsichtig unter das Basilikumpesto heben.

Die Käsekugeln entrinden, halbieren und dann in 5 mm dicke Scheiben schneiden.

Die Roggenbrothälften toasten. Auf jede Hälfte 5 Käsescheiben und 2 EL der Avocado-Basilikum-Mischung geben.

Mit einem kleinen mit Olivenöl und Zitronensaft angemachten Salat servieren.

Mein Tipp
Verwenden Sie ein kräftiges Roggenbrot mit dunkler Kruste.

AUSTERN MIT ROGGENPILAW

Für 4 Personen
Vorbereitungszeit: 30 Minuten
Einweichzeit: über Nacht
Zubereitungszeit: 1 Stunde

Zutaten

150 g Roggenkörner
50 g getrocknete Wakame-Algen
24 Austern
1 Schalotte
50 g Butter
Salz, Pfeffer aus der Mühle

Am Vorabend
Den Roggen in 1 l Wasser, die Algen in 300 ml Wasser über Nacht einweichen.

Am Tag darauf
Die Algen abgießen, das Einweichwasser auffangen und beiseite stellen. Den Roggen abgießen. Die Austern öffnen, das Wasser der Austern durch ein feines Sieb geben und beiseite stellen.

In einem kleinen Topf die gehackte Schalotte in der Butter leicht Farbe nehmen lassen. Den Roggen hinzufügen und 5 Minuten glasig anschwitzen. Das Wasser von Algen und Austern dazugeben. Zugedeckt bei milder Hitze 50 Minuten unter gelegentlichem Umrühren köcheln lassen, bis der Roggen weich ist. Mit Salz und Pfeffer würzen. Die Algen fein hacken und zum Pilaw geben.

Auf jeden Teller 6 EL grobes Salz oder gestoßenes Eis geben und 6 Austern darauf platzieren. Auf jede Auster 1 EL Roggenpilaw geben.

Mein Tipp
Um dieses Gericht noch frischer schmecken zu lassen, fügen Sie dem Pilaw gegen Ende der Kochzeit den Saft von ½ Zitrone oder 4 EL weißen Essig hinzu.

HÄHNCHEN AUF PERLGRAUPENRISOTTO

Für 4 Personen
Vorbereitungszeit: 15 Minuten
Einweichzeit: 1 Stunde
Zubereitungszeit: 55 Minuten

Zutaten

400 g Perlgraupen
1 Bund Frühlingszwiebeln
4 Knoblauchzehen
2 Rosmarinzweige
4 Hähnchenschlegel
30 g Butter
Salz, Pfeffer aus der Mühle

Die Perlgraupen 1 Stunde in 1 l Wasser einweichen, dann abgießen.

Die Frühlingszwiebeln waschen, die grünen und die weißen Teile trennen.
Die Knoblauchzehen schälen und die Rosmarinnadeln abzupfen.

In einer hohen Pfanne die Hähnchenschlegel auf beiden Seiten in Butter anbraten, bis sie Farbe genommen haben. Die weißen Teile der Frühlingszwiebeln, die Knoblauchzehen und den Rosmarin hinzufügen. 5 Minuten anschwitzen, dann die Perlgraupen hinzufügen. Mit Salz und Pfeffer würzen. Mit kochend heißem Wasser bedecken und zugedeckt 45 Minuten köcheln lassen.
Die grünen Teile der Frühlingszwiebeln in feine Scheiben schneiden.

Auf jeden Teller einen Hähnchenschlegel mit einigen EL Perlgraupenrisotto anrichten und mit den grünen Frühlingszwiebeln bestreuen.

Mein Tipp
Wenn Sie es würziger lieben, können Sie zusammen mit dem Rosmarin 1 EL Kurkuma hinzufügen.

MELONENGAZPACHO MIT KARAMELLISIERTEN GRAUPEN

Für 4 Personen
Vorbereitungszeit: 20 Minuten
Einweichzeit: über Nacht
Zubereitungszeit: 35 Minuten

Zutaten

200 g Graupen
1 Charentaismelone
1 Bund Minze
150 g brauner Zucker
1 Banane

Am Vorabend

Die Graupen über Nacht in 1 l Wasser einweichen.

Am Tag darauf

Die Graupen abgießen. Das Fruchtfleisch der Melone (ohne Kerne) pürieren und kühl stellen. Die Minze waschen und abzupfen und 2 Stängel beiseite legen. Die Graupen in 1 l kochendes Wasser geben und 20 Minuten köcheln lassen, dann abgießen.

In einem Topf den Zucker in 3 EL Wasser karamellisieren. Die in kleine Würfel geschnittene Banane, die übrigen 2 Stängel Minze und die Graupen hinzufügen und bei milder Hitze unter häufigem Rühren 10 Minuten köcheln lassen. Die Minzestängel entfernen und abkühlen lassen.

Das Melonengazpacho in Suppenschalen geben, einige TL Graupenkaramell hinzufügen und mit Minzeblättern dekorieren.

Mein Tipp

Um dieses Gericht noch frischer schmecken zu lassen, fügen Sie dem Graupenkaramell gegen Ende der Kochzeit 5 EL Minzelikör hinzu.

TRIFLE* VON QUARK UND HAFER-AHORNSIRUP

Für 4 Personen
Vorbereitungszeit: 10 Minuten
Einweichzeit: 3 Stunden
Zubereitungszeit: 35 Minuten
Kühlzeit: 30 Minuten

Zutaten

200 g Haferkörner
100 g brauner Zucker
300 ml Ahornsirup
30 g Butter
600 g Quark

Den Hafer 3 Stunden in 1 l Wasser einweichen.

Den Hafer abgießen, in 1 l kochendes Wasser geben und bei mittlerer Hitze 20 Minuten köcheln lassen, dann abgießen.

In einem Topf den braunen Zucker in 3 EL Wasser karamellisieren. Den Hafer und den Ahornsirup hinzufügen und 10 Minuten bei milder Hitze köcheln lassen. Von der Kochstelle nehmen und die Butter unterrühren. Etwa 30 Minuten kühl stellen.

In Gläsern servieren, dabei abwechselnd Quark und Hafer-Ahornsirup übereinanderschichten.

Mein Tipp
Ein perfektes Frühstück – nahrhaft und wohlschmeckend!

* Ein britisches Schichtdessert.

ARTISCHOCKENHERZEN UND CHORIZO AUF POLENTA

Für 4 Personen
Vorbereitungszeit: 25 Minuten
Zubereitungszeit: 1 Stunde

Zutaten

200 g Maisgrieß
100 g Butter
12 kleine Artischocken
50 ml Olivenöl
100 g Chorizo in feinen Scheiben
½ Zitrone
Salz, Pfeffer aus der Mühle

800 ml Wasser in einem Topf zum Kochen bringen, den Maisgrieß hinzufügen und 45 Minuten bei milder Hitze köcheln lassen. Dabei häufig umrühren, bis eine cremeartige Masse entsteht. Die Butter hinzufügen. Mit Salz und Pfeffer würzen.

Gleichzeitig die Artischocken in einem großen Topf in reichlich Salzwasser etwa 20 Minuten kochen. Die Blätter und das Heu entfernen, die Herzen in zwei Teile schneiden.

Die Chorizoscheiben in einer Pfanne im Olivenöl leicht anbraten, herausnehmen und beiseite stellen. Die Artischockenherzen im heißen Olivenöl zugedeckt andünsten. Mit Zitronensaft beträufeln.

Die Polenta auf vier Teller verteilen, und die Artischockenherzen sowie die Chorizoscheiben darübergeben.

Mein Tipp
Verfeinern Sie das Gericht, indem Sie einige Parmesanspäne darüberhobeln und es mit einigen Tropfen Balsamessig beträufeln.

POLENTA-SCHOKOLADE-TÖRTCHEN

Für 4 Personen
Vorbereitungszeit: 30 Minuten
Zubereitungszeit: 50 Minuten
Kühlzeit: 6 Stunden

Zutaten

150 g Maisgrieß
300 ml Milch
80 g brauner Zucker
1 TL Zimt
70 g Crème fraîche
10 g Butter
45 g Schokoladentropfen
100 g Himbeeren

300 ml Wasser in einem Topf zum Kochen bringen, den Maisgrieß, die Milch, den Zucker und den Zimt hinzufügen und 50 Minuten bei milder Hitze zugedeckt köcheln lassen, dabei häufig umrühren. 50 g Crème fraîche hinzufügen. Mit einem feuchten Holzlöffel den Maisgrieß 2 cm dick auf eine mit Butter gefettete Platte streichen und mindestens 3 Stunden in den Kühlschrank stellen.

Polentaringe mit einem Durchmesser von 6 cm ausstechen. Auf jeden Ring 1 TL Crème fraîche und darauf eine Schicht Schokoladentropfen geben. Mit einem zweiten Ring bedecken und leicht andrücken. 3 Stunden kühl stellen.

Vor dem Servieren mit Himbeeren dekorieren.

Mein Tipp
Sie können die Himbeeren auch durch Stücke einer reifen Mango ersetzen.

ZUCKERMAIS IN MUSKATGELEE

Für 4 Personen
Vorbereitungszeit: 15 Minuten
Zubereitungszeit: 1 Stunde 10 Minuten
Kühlzeit: 3 Stunden

Zutaten

100 g getrockneter Zuckermais
50 g brauner Zucker
750 ml Moscato d'Asti
100 g Muskattrauben
4 Blätter Gelatine (8 g)

Den Mais, den Zucker und 200 ml Wein in einem Topf 1 Stunde köcheln lassen, bis der Mais weich ist.

Die Trauben waschen und halbieren.

Die Gelatineblätter in einem Glas kaltem Wasser einweichen. Den übrigen Wein zum Kochen bringen, von der Kochstelle nehmen und nach einigen Minuten die ausgedrückten Gelatineblätter zusammen mit dem Mais in den Wein geben.
Die Masse in große Weingläser geben und jeweils einige Traubenhälften hinzufügen.
Vor dem Servieren mindestens 3 Stunden kühl stellen.

Mein Tipp
Wenn Sie frische kleine Maiskolben finden, kochen Sie diese im Ganzen mit dem Wein und dem Zucker.

ARMER RITTER MIT LACHSCARPACCIO UND MEERRETTICHCREME

Für 4 Personen
Vorbereitungszeit: 25 Minuten
Zubereitungszeit: 10 Minuten

Zutaten

300 g Lachsfilet ohne Haut
½ unbehandelte Zitrone
15 g Meerrettich
120 g Crème fraîche
1 Nori-Algen-Blatt
2 Eier
1 Buchweizenbrot von 230 g in Scheiben
10 g Süßrahmbutter
Salz, Pfeffer aus der Mühle

Den Lachs in Scheiben von 2 x 8 cm und 5 mm Dicke schneiden. Den Zitronensaft und die Zesten der Schale darübergeben.

Den geriebenen Meerrettich mit 100 g Crème fraîche vermengen. Mit Salz und Pfeffer würzen.

Das Algenblatt in schmale Streifen schneiden.

Die Eier mit der übrigen Crème fraîche vermengen. Mit Salz und Pfeffer würzen.

Die Brotscheiben in Streifen schneiden, in die Ei-Crème-fraîche-Mischung tauchen und in der Butter rundum anbraten. Jeden Streifen mit der Meerrettichcreme bestreichen und die Lachsstreifen darum wickeln.

Mit den Algenstreifen dekorieren.

Mein Tipp
Um das Gericht zu verfeinern, vermengen Sie Lachskaviar mit den Zesten der Schale von ½ Zitrone und geben die Mischung abwechselnd mit dem Lachscarpaccio auf die Brotstreifen.

SOBANUDELN* MIT BROKKOLI UND HÄHNCHENBRUST

Für 4 Personen
Vorbereitungszeit: 20 Minuten
Kühlzeit: 1 Stunde
Zubereitungszeit: 15 Minuten

Zutaten

1 Bund Koriander
200 ml Olivenöl
400 g Hähnchenbrust
300 g Brokkoli
1 Chilischote (wahlweise)
500 g Sobanudeln
50 ml Sojasauce
1 Zitrone
Salz, Pfeffer aus der Mühle

Den Koriander waschen, abzupfen und im Mixer in 100 ml Olivenöl pürieren.

Die Hähnchenbrust in 2 cm dicke Scheiben schneiden und in dem Korianderpesto 1 Stunde im Kühlschrank marinieren.
Den Brokkoli in kleine Röschen zerpflücken und waschen.

Die Sobanudeln in ungesalzenem, sprudelnd kochendem Wasser garen (Kochzeit siehe Packung) und abgießen.

Das übrige Olivenöl in einer hohen Pfanne erhitzen und das Hähnchenfleisch rundum anbraten. Den Brokkoli und die Chilischote zufügen und einige Minuten ziehen lassen. Wenn das Fleisch gar ist, mit der Sojasauce ablöschen, die Nudeln zufügen und sorgfältig miteinander vermengen.

Mit jeweils einem Zitronenviertel dekorieren und auf vorgewärmten Tellern servieren.

Mein Tipp
Wenn Sie keinen Koriander mögen, können Sie stattdessen Dill verwenden.

* Japanische Nudeln aus Buchweizenmehl.

GEBRATENE MAKRELE AUF BUCHWEIZENRISOTTO

Für 4 Personen
Vorbereitungszeit: 10 Minuten
Zubereitungszeit: 40 Minuten

Zutaten

4 Makrelen à 250 g
1 gekochte Rote Bete (450 g)
3 Schalotten
2 Knoblauchzehen
200 ml Olivenöl
350 g gerösteter Buchweizen (Kasha)
70 ml Balsamessig
Salz, Pfeffer aus der Mühle

Bitten Sie Ihren Fischhändler, die Makrelen zu filetieren.

Die Rote Bete halbieren und in 5 mm dicke Scheiben schneiden.

Die gehackten Schalotten und Knoblauchzehen in 100 ml Olivenöl in einem kleinen Topf leicht Farbe nehmen lassen, den Buchweizen dazugeben und 5 Minuten glasig anschwitzen. Mit Salz und Pfeffer würzen. Mit dem Balsamessig ablöschen, 500 ml Wasser dazugeben und etwa 20 Minuten köcheln lassen, bis der Buchweizen *al dente* ist. Gelegentlich umrühren.

Die Makrelen im übrigen Olivenöl in einer Pfanne auf beiden Seiten kurz anbraten.

Makrelen und Buchweizen auf Tellern anrichten und mit den Rote-Bete-Scheiben dekorieren.

Mein Tipp
Zu diesem Gericht passt hervorragend ein Glas kühler trockener Cidre aus der Bretagne.

GEGRILLTES SANDWICH MIT ORANGEN UND KARAMELLCREME

Für 4 Personen
Vorbereitungszeit: 15 Minuten
Zubereitungszeit: 15 Minuten

Zutaten

70 g Zucker
150 g Crème fraîche
25 g leicht gesalzene Butter
½ Limette
1 Orange (vorzugsweise Blutorange)
1 Buchweizenbrot von 270 g in Scheiben
10 g Süßrahmbutter

Den Zucker in einem kleinen Topf bei mittlerer Hitze unter ständigem Rühren karamellisieren lassen.

Die Crème fraîche in einem zweiten kleinen Topf zum Kochen bringen und den Karamell, die Butter und den Zitronensaft unterrühren. Kühl stellen.

Die Orange schälen und in Schnitze teilen.

Die Brotscheiben mit der Karamellcreme bestreichen, mit einigen Orangenschnitzen belegen und mit einer zweiten Brotscheibe bedecken. Vorsichtig andrücken.

Die Sandwichs in einer Pfanne in der Butter auf beiden Seiten leicht rösten.

Sehr heiß servieren.

Mein Tipp
Sie können dieses Sandwich auch in Streifen schneiden und als Häppchen servieren.

THUNFISCHSALAT MIT FONIOVINAIGRETTE

Für 4 Personen
Vorbereitungszeit: 20 Minuten
Zubereitungszeit: 7 Minuten

Zutaten

100 g Foniohirse
4 Herzen vom Zuckerhutsalat
50 g Radieschen
100 ml Olivenöl
30 ml Reisessig
20 ml Sojasauce
1 Bund Schnittlauch
300 g fangfrisches Thunfischfilet

Die Hirse in 300 ml kochendes Wasser geben und 7 Minuten köcheln lassen, abgießen und kühl stellen.

Den Salat waschen und der Länge nach achteln. Die Radieschen waschen und raspeln.

Das Öl, den Essig und die Sojasauce mit den Radieschen, dem in Röllchen geschnittenen Schnittlauch und der Hirse zu einer Vinaigrette vermengen.

Den Thunfisch in 2 cm dicke und 5 cm lange Streifen schneiden.

Den Salat auf großen Tellern anrichten, die Thunfischstreifen daraufsetzen und mit der Vinaigrette beträufeln.

Mein Tipp
Diese Vinaigrette verleiht auch einem einfachen Salat eine besondere Note.

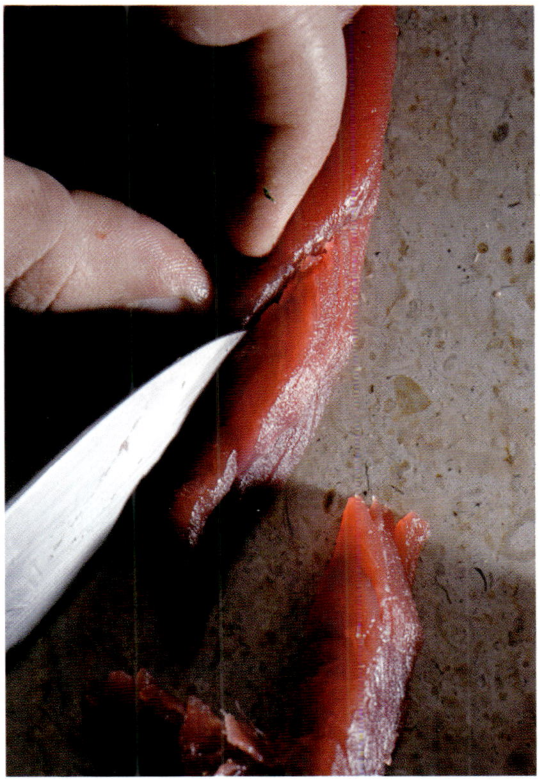

QUINOA MIT DREIERLEI WURZELGEMÜSEN UND ZITRUSFRÜCHTEN

Für 4 Personen
Vorbereitungszeit: 10 Minuten
Zubereitungszeit: 15 Minuten

Zutaten

200 g Quinoa
2 Orangen
1 Pampelmuse
150 g Karotten
150 g schwarzer Rettich
150 g gekochte Rote Bete
½ Zitrone
Salz, Pfeffer aus der Mühle

Quinoa waschen und in 450 ml kochendes Salzwasser geben. 15 Minuten bei mittlerer Hitze köcheln lassen, bis sich ein kleiner weißer Keim aus den Körnern löst. Von der Kochstelle nehmen, zugedeckt 5 Minuten quellen lassen und abgießen.

1 Orange und die Pampelmuse schälen und in Schnitze teilen.

Die Karotten, den Rettich und die Roten Bete schälen und sehr fein würfeln oder – besser – getrennt im Mixer hacken. Vorsichtig mit dem Quinoa und dem Saft von ½ Zitrone und dem der zweiten Orange vermengen. Mit Salz und Pfeffer würzen.

Mit den Orangen- und Pampelmusenschnitzen dekorieren.

Mein Tipp
Wenn Sie Salz und Pfeffer durch 5 EL braunen Zucker ersetzen, wird aus diesem leichten Gericht ein wohlschmeckendes Dessert.

SARDINEN AUF FONIOCOUSCOUS MIT SAFRAN

Für 4 Personen
Vorbereitungszeit: 15 Minuten
Zubereitungszeit: 20 Minuten

Zutaten

4 Sardinen à 50 g
250 g Stangenbohnen
250 g Prinzessbohnen
150 ml Olivenöl
350 g Foniohirse
1 Prise Safran
Salz, Pfeffer aus der Mühle

Bitten Sie Ihren Fischhändler, die Sardinen zu filetieren.

Die beiden Bohnensorten in 2 l Salzwasser 5 Minuten *al dente* kochen. Abgießen und dabei 1 l Kochwasser auffangen.

Die Hirse in einem großen Topf in 50 ml Olivenöl 3 Minuten glasig anschwitzen. Das Kochwasser angießen. Mit Salz und Pfeffer würzen. Den Safran hinzufügen und bei lebhafter Hitze weitere 7 Minuten kochen, bis die Konsistenz von Couscous erreicht ist.

In einer Pfanne die Sardinen im übrigen Olivenöl auf beiden Seiten anbraten.

Die Hirse mit den Bohnen vermengen, auf Tellern anrichten und die Sardinen daraufgeben.

Mein Tipp
Um dem Gericht einen mediterran-süßsauren Geschmack zu verleihen, streuen Sie einige Rosinen darüber.

EXOTISCHER FRUCHTSALAT MIT QUINOA

Für 4 Personen
Vorbereitungszeit: 25 Minuten
Zubereitungszeit: 15 Minuten

Zutaten

150 g Quinoa
200 ml Milch
50 g brauner Zucker
1 Ananas
1 Mango
2 Kakis
1 Bund Minze
1 Orange

Quinoa waschen und mit der Milch in 200 ml kochendes Wasser geben. 15 Minuten bei mittlerer Hitze köcheln lassen, bis sich ein kleiner weißer Keim aus den Körnern löst. Von der Kochstelle nehmen, zugedeckt 5 Minuten quellen lassen und abgießen. Den Zucker hinzufügen und umrühren.

Die Ananas und die Mango schälen und in 1,5 cm große Würfel schneiden, ebenso die Kakis.

Die Minze waschen und abzupfen.

Die Fruchtwürfel mit dem Quinoa und dem Orangensaft vermengen.

Mit den Minzeblättern dekorieren.

Mein Tipp
Während der Saison können Sie die exotischen Früchte durch Walderdbeeren ersetzen. Fügen Sie 4 EL Crème fraîche hinzu.

Kerne und Nüsse

»Sie sind klein und doch so intensiv
und vielfältig im Geruch.
Ich liebe sie, weil sie knusprig sind
und ihr Geschmack die Erinnerung
an frühere Zeiten wachruft.«

Sesam

Sesam ist eine Pflanzenart aus der Familie der Pedaliaceae, der Sesamgewächse, und stammt aus dem Orient. Er ist sehr aromatisch und wird oft verwendet, um warmen oder kalten, süßen oder salzigen Gerichten einen besonderen Geschmack zu verleihen.

Zusammen mit Zucker, Honig und Öl ergibt Sesam das sehr süße und kalorienreiche arabische Dessert Halva. Im Orient wird auch eine weitere – salzige – Sesampaste, Tehina, hergestellt, die man mit Brot oder mit Hummus, einem Kichererbsenpüree, isst. In Europa geben Sesamkörner Brot, in Osteuropa auch Süßwaren ihren spezifischen Geschmack.

Um den Geschmack zu verstärken, werden die Körner meistens vor dem Gebrauch geröstet. Auch gewinnt man aus Sesam ein vor allem in Salaten köstlich schmeckendes Öl. Sesam ist reich an Ballaststoffen, Magnesium und Zink.

Ich schätze Sesam wegen seines kräftigen Geschmacks und wegen des dekorativen Effekts auf Brot oder Kuchen.

Mohn

Die Mohnpflanze ist eine Verwandte des Klatschmohns, aus dem man Opium gewinnt. Aus den Körnern, die reich an Proteinen sind und häufig in Osteuropa und im Vorderen Orient verwendet werden, wird ein gemacksintensives Öl gewonnen. Auch geben sie Brot oder Brötchen einen intensiven Geschmack, wirken bei Gerichten oft wie ein Gewürz und dienen als Dekoration. Die Körner werden sowohl getrocknet als auch geröstet oder gemahlen verwendet.

Ich koche gern mit Mohn, weil er dekorativ ist und sich sein Duft beim Kochen verstärkt. Einigen Weichkäsen verleiht er seine intensive Würze.

Kürbiskern und Sonnenblumenkern

Da die Kerne Ausgangspunkt für die Reproduktion der Pflanzen sind, sind sie in der Regel reich an wichtigen Nährstoffen.

Sonnenblumenkerne enthalten 40–50 % Öl. Mehr als 80 % der Fettsäuren sind ungesättigt, weshalb dieses Öl sich vorzüglich für Diäten eignet. Auch enthalten die Kerne Vitamin E.

Kürbiskerne, die nach der Ernte geschält werden, sind reich an Proteinen sowie den Vitaminen A, B_1 und B_2 und enthalten zahlreiche Mineralstoffe.

Geröstet kann man die Kerne gut zum Aperitif knabbern, allerdings ungesalzen (Sonnenblumenkerne erhält man oft gesalzen). Auch mengt man die knusprigen Kerne gern unter Salat, Gemüse oder Reis, um einen köstlichen Röstgeschmack zu erhalten.

KÜRBISKERNBROT

In diesem Brot verbinden sich die Eigenschaften der verschiedenen Mehlsorten mit dem kräftigen Geschmack der Kerne.

Für 2 Brote à 850 g
Vorbereitungszeit: 25 Minuten
Ruhezeit: 2 Stunden 30 Minuten
Zubereitungszeit: 55 Minuten

Zutaten

330 g Kürbiskerne
15 g Zucker
25 g Bäckerhefe
250 g Roggenmehl Type 1740
250 g Weizenmehl Type 812
250 g Weizenvollkornmehl Type 1600
15 g Salz
100 g Butter

Den Ofen auf 180 °C vorheizen.

Die Kürbiskerne 10 Minuten im Ofen rösten. Herausnehmen und die Temperatur auf 190 °C erhöhen.

Den Zucker, 80 ml lauwarmes Wasser und die Hefe vermengen. 30 Minuten ruhen lassen.

Mehl und Salz in eine Schüssel geben.

Die Butter einarbeiten.

Die Hefemischung dazugeben und gründlich vermengen.

520 ml Wasser hinzufügen. 10–12 Minuten kneten.

Die Kürbiskerne einarbeiten und 30 Minuten ruhen lassen.

Den Teig in zwei Kastenformen geben und 1 Stunde 30 Minuten bei Zimmertemperatur gehen lassen.

Die Oberfläche des Teigs mit einem Messer leicht einritzen.

Bei 190 °C 45 Minuten backen. Dabei eine Schüssel mit Wasser in den Ofen stellen.

Am Ende der Backzeit sofort aus der Form nehmen.

FORELLE-RETTICH-SALAT MIT SCHWARZEM SESAM

Für 4 Personen
Vorbereitungszeit: 15 Minuten

Zutaten

250 g schwarzer Rettich
200 g geräucherte Forelle
1 EL Mayonnaise
30 g schwarzer Sesam
½ Limette
Salz, Pfeffer aus der Mühle

Den Rettich und die Forelle in feine Streifen schneiden und vorsichtig miteinander vermengen.

In einer kleinen Schüssel die Mayonnaise mit dem Sesam und dem Limettensaft vermengen und zum Salat geben.

Mit Salz und Pfeffer würzen.

Mein Tipp
Dieser Salat passt hervorragend zu einem gegrillten halben Hummer.

AUBERGINENKAVIAR MIT SESAMÖL

Für 4 Personen
Vorbereitungszeit: 15 Minuten
Zubereitungszeit: 30 Minuten

Zutaten

Einige blühende Rosmarinzweige (wahlweise)
2 Auberginen à 350 g
1 Schalotte
3 EL Sesamöl
5 EL Traubenkernöl
10 g schwarzer Sesam
Salz, weißer Pfeffer aus der Mühle

Die Rosmarinblüten abzupfen.

Den Ofen auf 210 °C vorheizen.

Die Auberginen waschen und mit einem Messer mehrfach einstechen. Auf ein Backblech legen und 30 Minuten im Ofen weich garen.
Die Auberginen schälen, fein hacken und mit der fein gewürfelten Zwiebel und den beiden Ölen vermengen. Mit Salz und Pfeffer würzen.

Mit dem schwarzen Sesam und einigen Rosmarinblüten bestreuen und lauwarm servieren.

Mein Tipp
Wenn Sie einen intensiveren Röstgeschmack mögen, stellen Sie die Auberginen auf einem Backblech bei mittlerer Hitze direkt auf den Herd.

HÄHNCHENBRUSTSTREIFEN SCHWARZ-WEISS

Für 4 Personen
Vorbereitungszeit: 15 Minuten
Zubereitungszeit: 10 Minuten

Zutaten

400 g Hähnchenbrust
3 Eier
100 g Mehl
100 g schwarzer Sesam
100 g weißer Sesam
100 ml Traubenkernöl
Salz, Pfeffer aus der Mühle

Die Hähnchenbrust in 2 cm dicke Streifen schneiden.

Die Eier leicht verschlagen. Mit Salz und Pfeffer würzen.

Die Hähnchenbruststreifen im Mehl wälzen, durch die Eimischung ziehen und die eine Hälfte mit schwarzem, die andere mit weißem Sesam panieren.

Die Streifen in einer Pfanne im heißen Traubenkernöl rundum anbraten. Dabei darauf achten, dass der Sesam nicht anbrennt. Mit Salz und Pfeffer würzen.

Auf einem großen Teller als Fingerfood servieren.

Mein Tipp
Für ein Büffet können Sie zu diesem Gericht Gemüsestreifen mit einer Foniohirse-Vinaigrette reichen (siehe Rezept auf Seite 53).

BANANE IM SESAM-KARAMELL-MANTEL

Für 4 Personen
Vorbereitungszeit: 10 Minuten
Zubereitungszeit: 10 Minuten

Zutaten

4 Bananen
75 g brauner Zucker
200 ml Ananassaft
35 g weißer Sesam
1 Stängel Zitronenmelisse

Die Bananen schälen. Sie müssen reif, aber noch fest sein.

Den Zucker in einem Topf bei mittlerer Hitze im Ananassaft karamellisieren.
Den Sesam, die Zitronenmelisse und die ganzen Bananen hinzufügen. Von der Kochstelle nehmen und die Bananen vorsichtig im Karamell wälzen.

Die Zitronenmelisse entfernen.

Sofort mit einer Kugel Vanilleeis servieren.

Mein Tipp
Verwenden Sie je nach Saison andere Früchte: Mangowürfel, halbe Aprikosen oder geviertelte Zitrusfrüchte.

WEISSER SPARGEL MIT KÜRBISKERNPESTO

Für 4 Personen
Vorbereitungszeit: 10 Minuten
Zubereitungszeit: 15 Minuten

Zutaten

1 Bund glatte Petersilie
1 Bund Koriander
300 g Kürbiskerne
100 ml Olivenöl
500 g weißer Spargel
Salz, Pfeffer aus der Mühle

Die Petersilie und den Koriander waschen und abzupfen. Einige schöne Blätter für die Dekoration beiseite legen.

Die Kürbiskerne in einer Pfanne in 30 ml Olivenöl leicht Farbe nehmen lassen. Mit Salz und Pfeffer würzen. Abkühlen lassen und mit der Petersilie, dem Koriander und dem übrigen Olivenöl pürieren. Gegebenenfalls einige EL Wasser hinzufügen.

Den Spargel schälen und in kochendem Salzwasser garen.

Den heißen Spargel mit dem Kürbiskernpesto in großen Gläsern anrichten und mit Petersilie- und Korianderblättern dekorieren.

Mein Tipp
Man kann dieses Kürbiskernpesto auch auf eine Scheibe Bauernbrot streichen und darauf einen warmen Crottin de Chavignol* geben.

* Ein kleiner, runder Weichkäse, meist aus Ziegenmilch.

FEINE BLATTSALATE AUS DEM OFEN MIT EINER VINAIGRETTE VON HIMBEEREN UND SONNENBLUMENKERNEN

Für 4 Personen
Vorbereitungszeit: 20 Minuten
Marinierzeit: 30 Minuten
Zubereitungszeit: 15 Minuten

Zutaten

50 g Himbeeren
150 ml Sonnenblumenöl
35 g Sonnenblumenkerne
4 EL Himbeeressig
4 Chicoréekolben
4 Radicchio trevisano
Salz, Pfeffer aus der Mühle

Die Himbeeren durch ein Sieb streichen.

Das Himbeerpüree mit dem Sonnenblumenöl, den Sonnenblumenkernen und dem Himbeeressig zu einer Vinaigrette vermengen. Mit Salz und Pfeffer würzen.

Den Ofen auf 200 °C vorheizen.

Die Salate waschen, der Länge nach sechsteln und 30 Minuten in der Vinaigrette marinieren .

Die marinierten Salate auf einem Backblech 15 Minuten im Ofen garen.

Mein Tipp
Sie können diese süßsauren Salate warm mit gebratener Entenbrust oder kalt mit Roquefort servieren.

MOHN-ROSMARIN-KARTOFFELN IN DER SCHALE

Für 4 Personen
Vorbereitungszeit: 15 Minuten
Zubereitungszeit: 30 Minuten

Zutaten

3 Rosmarinzweige
20 g Butter
1 TL Piment d'Espelette*
80 g Mohnsamen
450 g kleine Kartoffeln
150 ml Olivenöl
Fleur de sel

* Chilisorte aus dem Baskenland, die getrocknet und gemahlen weniger scharf, aber aromatischer als Cayennepfeffer ist.

Den Rosmarin waschen und abzupfen.

Die Butter in einer Pfanne erhitzen, das Piment d'Espelette und den Rosmarin dazugeben und kurz anschwitzen. Den Mohn hinzufügen und 5 Minuten rösten.

Den Ofen auf 190 °C vorheizen.

Die Kartoffeln waschen, der Länge nach halbieren und in das Olivenöl und das Fleur de sel tauchen. Nur die Schnittfläche mit der Mohnmischung panieren.
Die Kartoffelhälften mit der Schnittfläche nach oben auf ein Backblech setzen und 25 Minuten im Ofen backen.

Mein Tipp
Die beste Kartoffel für dieses Rezept ist die Sorte Ratte.

GEFÜLLTE GEMÜSEZWIEBELN

Für 4 Personen
Vorbereitungszeit: 15 Minuten
Zubereitungszeit: 25 Minuten

Zutaten

1 Bund krause Petersilie
70 g Mohnsamen
4 Gemüsezwiebeln
15 g Butter
Szechuanpfeffer
Salz

Den Ofen auf 210 °C vorheizen.

Die Petersilie waschen und abzupfen.

Den Mohn 1–2 Minuten in der Küchenmaschine mahlen.

Die Zwiebeln schälen, einzeln in Alufolie einwickeln und im Ofen 20 Minuten garen, bis sie weich sind, aber nicht zerfallen.

Die Zwiebeln aushöhlen, so dass kleine Schüsseln entstehen. Das Innere der Zwiebeln und die Petersilie fein hacken und mit dem Mohn und der Butter vermengen.
Mit Salz und Pfeffer würzen. Die Zwiebeln mit der Mohn-Petersilie-Mischung füllen und vor dem Servieren 5 Minuten im Ofen erwärmen.

Mein Tipp
Zu diesen süßlichen Zwiebeln reiche ich ein schmackhaftes Fleisch wie Kalbsleberstreifen auf Topinambur (siehe Rezept Seite 108).

APFELGALETTE MIT MOHN

Für 4 Personen
Vorbereitungszeit: 20 Minuten
Zubereitungszeit: 55 Minuten

Zutaten

3 Äpfel (Granny Smith)
65 g Mohnsamen
30 g Butter
110 g brauner Zucker
1 Ei
2 Portionen Blätterteig à 250 g

Die Äpfel schälen und in kleine Stücke schneiden.
Die Butter in einem großen Topf erhitzen, den Zucker und den Mohn hinzufügen und 5 Minuten rösten. Die Äpfel dazugeben und zugedeckt 15 Minuten bei milder Hitze köcheln lassen, so dass ein festes Kompott entsteht, das noch Apfelstücke enthält.

Den Ofen auf 190 °C vorheizen. Das Ei verschlagen.

Das Backblech mit Backpapier auslegen. 2 Teigplatten mit je 30 cm Durchmesser ausschneiden.
Eine der Platten auf das Backpapier legen und das Apfelkompott und den Mohn darauf geben. Mit der zweiten Teigplatte abdecken und den Rand ringsherum andrücken und verschließen. Die Oberseite mit einem Messer einritzen und mit dem Ei bestreichen. 35 Minuten im Ofen backen.

Mein Tipp

Fügt man der Füllung noch eine Dicke Bohne hinzu, erhält man eine veritable Galette des Rois*.

*Am Dreikönigstag wird in einer Galette, einem flachen, runden Kuchen, traditionell eine Dicke Bohne versteckt.

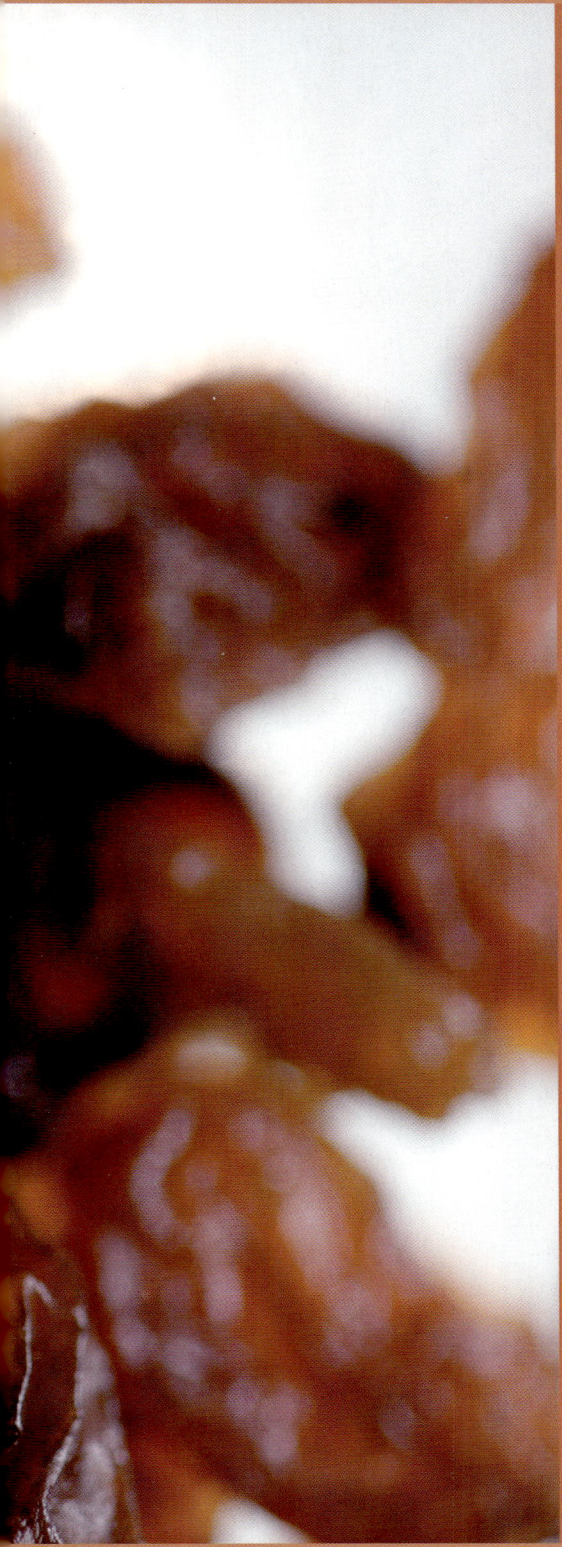

Trockenfrüchte

»Sie sind meine lässlichen Sünden
und meine Energiequelle.
Ihr Farbenspiel und ihre feine Süße
machen Brot so verlockend.«

Haselnuss

Die Haselnuss ist die Frucht des wilden Haselnussstrauches. Varietäten wie die aus dem italienischen Piemont genießen einen besonderen Ruf, aber zwei Drittel der Weltproduktion kommen heute aus der Türkei.

Haselnüsse werden getrocknet verwendet. Sie passen sehr gut zu Desserts, vor allem zu solchen mit Früchten oder mit Schokolade, aber auch zu salzigen Gerichten wie Fischen mit zartem Fleisch oder kräftigen Terrinen. Das daraus gewonnene Öl ist wegen seiner Aromen und seines Wohlgeschmacks bekannt.

Sie sind sehr energiereich, und die Energiezufuhr hält lange an. Ferner sind sie reich an Phosphor, Kalium und Kalzium.

Ich verwende sie gern, weil sie zwar etwas bitter, aber angenehm im Geschmack sind. Das leichte Knacken ist bei manchen Gerichten sehr willkommen.

Walnuss

Die Frucht des Walnussbaums ist sehr energiereich. Sie enthält 51 % Fett, aber auch 11 % Eiweißstoffe. Die Fette sind überwiegend mehrfach ungesättigt, was bei Herz-Kreislauf-Risiken sehr wichtig ist.

Walnüsse sind reich an Vitaminen, vor allem an Vitamin E, aber auch an B_3, B_5 und B_6 sowie an Mineralsalzen. Man gewinnt daraus ein hochwertiges, geschmacksintensives Öl, das jedoch nicht zu sehr erhitzt werden darf. Man kann damit also nicht kochen und braten.

Walnüsse passen wie Haselnüsse sehr gut zu Süßspeisen und Gebäck, zu Terrinen sowie zu gemischten Salaten. Sie haben einen deutlich bitteren Geschmack, den man abzumildern wissen muss.

Ich verwende Walnüsse tagtäglich. Ich kenne nichts, was besser harmoniert als Nussbrot und ein frischer Comté, beträufelt mit etwas Vin Jaune aus dem Jura.

Mandel

Die ölhaltige Frucht des Mandelbaums hat ähnliche Eigenschaften wie die Haselnuss. Mandeln sind reich an Fett (fast 50 % Fettanteil, wovon nur 4 % gesättigte Fette sind) sowie an Vitamin E und stellen wichtige Antioxidantien gegen die freien Radikale dar.

Man verwendet Mandeln sowohl frisch als auch getrocknet und sowohl in süßen wie auch salzigen Gerichten, z. B. in Forelle mit Mandeln. Für Desserts kombiniert man Mandeln mit Schokolade sowie mit Früchten. Sie werden aber auch zu Eis, Creme oder Mandelmilch verarbeitet. Zudem kann man mit den verschiedenen Formen spielen, indem man sie zerstößt, als Blättchen verwendet oder sie ganz einfach ganz lässt.

Ich liebe den Geruch der Mandeln. Bei der Galette des Rois verwende ich je nach Laune reine Mandelcreme anstelle einer Creme mit zerstoßenen Mandeln.

Pinienkern

Pinienkerne, die aus den Zapfen der Schirmpinie stammen, sind eine der wichtigsten Zutaten in den Küchen rund ums Mittelmeer, im Vorderen Orient und in Indien.

Sie können zum Aperitif, in Salaten, in Gerichten oder zerstoßen in Saucen verwendet werden. Dem Pesto z. B. geben die Pinienkerne die zugleich cremige und doch körnige Struktur.

Sie enthalten neben vielen Ballast- und Mineralstoffen wie Mangan, Eisen, Phosphor und Kupfer auch zu 80 % ungesättigte Fettsäuren und sind reich an Vitamin B_6. Pinienkerne sind recht teuer, da sie mit der Hand geerntet werden. Eine Pinie bringt übrigens erst nach 25 Jahren Kerne hervor.

Ich liebe Pinienkerne ganz besonders wegen ihres Geschmacks und weil sie dekorativ sind. Sie sind das Symbol für die mediterranen Wälder.

Rosine

Es gibt verschiedene Sorten von Rosinen, darunter die berühmte Korinthe. Wie die anderen Trockenfrüchte auch enthält sie nur noch ein Drittel des ursprünglichen Wassers, wodurch die anderen Bestandteile in höherer Konzentration vorhanden sind.

Rosinen enthalten die vierfache Menge an Kohlehydraten, Mineralstoffen und Spurenelementen wie frische Trauben. Sie sind sehr energiereich und enthalten viele Ballaststoffe.

Man verwendet Rosinen in Salaten, in Fleischbeilagen wie z. B. in der Tajine und vor allem in vielerlei Desserts.

Für einen Bäcker sind Rosinen immer mit der Freude an Rosinenbrot oder -brötchen verbunden, die er jeden Morgen bäckt. Ihre Süße und Fülle lässt auch immer an einen Sauternes denken.

Dörrpflaume

Der Pflaumenbaum kam wohl durch den zweiten Kreuzzug aus Vorderasien nach Mitteleuropa. Da sie auf langen Reisen nicht verdarben, schätzten die Seefahrer Dörrpflaumen als Nahrungsmittel, und diese gelangten so nach Amerika. Heute sind die USA der weltweit größte Produzent. Die Pflaumen werden reif geerntet und dann an der Sonne oder im Ofen getrocknet, wobei drei Kilogramm frische Früchte ein Kilogramm Dörrpflaumen ergeben.

Dörrpflaumen sind sehr reich an Kohlehydraten und enthalten viel Eisen. Sie sind starke Antioxidantien, und ihr hoher Gehalt an Sorbit fördert die Verdauung.

Ich liebe das Weiche und Zuckrige an Dörrpflaumen, die sehr gut zu Fleisch, aber auch zu den feinsten Desserts passen.

Feige

Feigenbäume sind die ältesten durch den Menschen nutzbar gemachten Bäume. Sie werden mehrfach in der Bibel erwähnt und waren auch im alten Griechenland bekannt. Sie sind eines der ausdruckskräftigsten Symbole für den Mittelmeerraum. Sie sind anspruchslos; viel Sonne genügt ihnen. Heute ist die Türkei der weltweit wichtigste Produzent dieser Frucht mit dem cremigen Fleisch.

Da Feigen sehr energiereich, reich an Ballaststoffen und an Vitamin B_3 sind, sind sie der ideale Energiespender auf langen Wanderungen und bei anderen körperlichen Anstrengungen. Man isst sie frisch oder getrocknet. In beiderlei Formen passt sie hervorragend zu vielen Gerichten, sowohl zu süßen als auch zu salzigen.

Ich liebe diese Frucht des Herbsts wegen ihrer cremigen Konsistenz und den schönen Farben, die etliche Wintergerichte auf wunderbare Weise schmücken.

Kastanie

Die Frucht des Kastanienbaums ist sehr energiereich, da sie hauptsächlich aus Kohlehydraten besteht. Sie enthält aber auch viel Vitamin C und Mineralstoffe. In unserer heutigen Küche spielt sie keine große Rolle mehr. Früher war sie vor allem für Bergbewohner wichtig, die kein Getreide anbauen konnten. Auf Korsika und Sardinien z. B. war Kastanienmehl Grundlage für die Brotherstellung.

Kastanien werden heute gern an Weihnachten im Truthahn als Füllung verwendet, und zu Beginn des Winters isst man immer noch gern glasierte Maronen oder kauft sie geröstet in den Straßen.

Ich verwende Kastanien oder Maronen gern als Püree oder geröstet. Die Schale schützt das Fruchtfleisch vor schädlichen Umwelteinflüssen, so dass die Kastanie eine im wahrsten Sinne des Wortes natürliche Frucht ist.

NUSSBROT

Für 4 Brote
Vorbereitungszeit: 40 Minuten
Kühlzeit: 24 Stunden
Ruhezeit: 2 Stunden 30 Minuten
Zubereitungszeit: 45 Minuten

Zutaten

Für den Sauerteig
100 g Weizenmehl Type 550

Für das Brot
500 g Weizenmehl Type 550
10 g Salz
40 g Zucker
10 g Bäckerhefe
25 g Milchpulver
75 g weiche Butter
230 g gehackte Nüsse
10 ml Olivenöl

Ein Brot für Feinschmecker, unproblematisch zuzubereiten, rustikal und vollmundig im Geschmack.

Zwei Tage zuvor
In einer Schüssel 50 ml Wasser und 50 g Mehl vermengen und mit einem feuchten Tuch bedecken. Alle 3 Stunden den Teig gut durchrühren, um die Gärung zu fördern und wieder zudecken. Über Nacht in den Kühlschrank stellen.

Am Tag zuvor
50 g Mehl und 50 ml Wasser hinzufügen. Erneut alle 3 Stunden durchrühren und wieder bedecken. Über Nacht in den Kühlschrank stellen.

Am Tag darauf
100 g Sauerteig verwenden. Mit dem übrigen Teig kanr der Vorgang endlos fortgeführt werden, indem man immer wieder 50 g Mehl und 50 g Wasser zugibt.

Mehl und Sauerteig vermengen.

Salz, Zucker, Hefe, Milchpulver und Butter hinzufügen, dabei den unmittelbaren Kontakt von Hefe und Salz vermeiden. 260 ml Wasser dazugeben und gut vermengen.

Die Nüsse und das Olivenöl hinzufügen. Den Teig kräftig durchkneten.

Den Teig auseinanderziehen, um ihn elastischer zu machen.
Zusammenklappen. Dadurch wird die Teigstruktur gefestigt, gleichzeitig wird der Teig luftiger.
Um ein Viertel drehen und den Arbeitsschritt wiederholen,
Insgesamt sollte der Teig 15–20 Minuten bearbeitet werden.
Anschließend mit einem feuchten Tuch bedecken und 1 Stunde bei Zimmertemperatur ruhen lassen.

Den Teig in vier kleine Brote zu je 310 g teilen.
Den Teig mit der Handfläche zu einer runden Teigplatte flach drücken.
Die Teigplatte am Rand anheben und ein Drittel zur Mitte hin falten.
Den Rand des umgeklappten Teigsegments leicht andrücken.
Erneut die Teigplatte am Rand anheben, wiederum ein Drittel zur Mitte hin falten und den Rand leicht andrücken.
Das letzte Drittel über den gefalteten Teig schlagen, so dass die endgültige Brotform entsteht. Abdecken und 1 Stunde 30 Minuten bei Zimmertemperatur ruhen lassen.

Ein Gefäß mit Wasser unten in den Ofen stellen. Den Ofen auf 170 °C vorheizen.
Das Brot an der Oberfläche einritzen. Zwei Kerben von jeweils 5 cm genügen, denn der Teig geht noch auf.

45 Minuten backen, bis das Brot eine schöne Kruste hat. Mindestens 1 Stunde an einem trockenen, luftigen Ort auf einem Gitterrost abkühlen lassen.

HASELNUSSPESTO AUF AUBERGINENSTREIFEN

Für 4 Personen
Vorbereitungszeit: 20 Minuten
Zubereitungszeit: 15 Minuten

Zutaten

2 Auberginen
100 ml Olivenöl
1 Bund Basilikum
80 g Haselnüsse
½ Zitrone
Fleur de sel
Salz, Pfeffer aus der Mühle

Den Ofen auf 210 °C vorheizen.

Die Auberginen der Länge nach in 12 Scheiben schneiden, etwas Olivenöl, Fleur de sel und Pfeffer darübergeben und 15 Minuten im Ofen garen.

Das Basilikum waschen und abzupfen. Die Haselnüsse, das Basilikum, Salz, Pfeffer und den Saft von ½ Zitrone mit Wasser (ca. 200 ml) zu einem Pesto verarbeiten, das die Konsistenz einer dicken Creme haben sollte.

Das Pesto auf die Auberginenscheiben streichen und servieren.

Mein Tipp
Sie können dieses Gericht mit gegrillten Lammkoteletts servieren, über die Sie ebenfalls etwas Pesto geben.

HASELNUSS-COMTÉ-SANDWICH

Für 4 Personen
Vorbereitungszeit: 5 Minuten
Zubereitungszeit: 10 Minuten

Zutaten

20 g leicht gesalzene Butter
25 g Haselnüsse
4 Croissants
4 Scheiben Comté
Weißer Pfeffer aus der Mühle

Die Haselnüsse in einer Pfanne in 10 g Butter rösten.

Die Croissants wie für ein Sandwich halbieren. Auf die untere Hälfte eine Scheibe Comté geben und darauf die Haselnüsse. Mit Pfeffer übermahlen. Mit der anderen Hälfte des Croissants bedecken.

In derselben Pfanne die übrige Butter erhitzen, bis sie go.dgelb ist, und die Croissants bei milder Hitze auf beiden Seiten 3 Minuten rösten.

Mit einigen Kirschtomaten servieren.

Mein Tipp
Perfekt, um aus den Croissants vom Vortag etwas Schmackhaftes zu machen.

SCHOKO-NUSS-ROLLE

Für 4 Personen
Vorbereitungszeit: 10 Minuten
Ruhezeit: 2 Stunden
Kühlzeit: 12 Stunden
Zubereitungszeit: 20 Minuten

Zutaten

50 g Haselnüsse
200 g Crème fraîche
200 g Bitterschokolade (70 %)
15 g Butter
50 g Kakao

Am Vorabend

Den Ofen auf 160 °C vorheizen.
Die Haselnüsse 15 Minuten im Ofen rösten.
Die Crème fraîche in einem kleinen Topf langsam erhitzen.

Die Schokolade im Wasserbad schmelzen und die Crème fraîche unter ständigem Rühren langsam zugeben. Von der Kochstelle nehmen und die Haselnüsse sowie die Butter hinzugeben. Die Schokoladenmischung 2 Stunden abkühlen lassen, bis sie fest, aber noch elastisch ist.

Die Hälfte der Schokoladenmischung auf Frischhaltefolie geben und daraus eine Rolle mit einem Durchmesser von 5 cm formen. Mit der anderen Hälfte ebenso verfahren. Mindestens 12 Stunden in den Kühlschrank stellen.

Am Tag darauf

Vor dem Servieren die Frischhaltefolie entfernen und die Schokoladenrolle mit Kakao bestäuben.

Mein Tipp

Die Schokoladenrolle mit einem sehr scharfen Messer in Scheiben schneiden und mit einigen EL Englischer Creme servieren.

FEINE NUSSTARTELETTES MIT ROQUEFORT

Für 4 Personen
Vorbereitungszeit: 25 Minuten
Ruhezeit: 15 Minuten
Kühlzeit: 45 Minuten
Zubereitungszeit: 25 Minuten

Zutaten

210 g Mehl (und 1 EL für die Arbeitsfläche)
5 g Salz
100 g weiche Butter
150 g Walnüsse
150 g Roquefort
2 Eier
100 g Crème fraîche
100 ml Milch
75 ml Vin Jaune

Das Mehl und das Salz in eine Schüssel sieben. In der Mitte eine Mulde formen und die Butter in kleinen Stücken hineingeben. So lange kneten, bis große Streusel entstehen. Erneut eine Mulde formen und 75 ml Wasser hineingeben. Mit den Fingerspitzen schnell vermengen und zu einem glatten und homogenen Teig kneten, bis dieser sich zu einer festen Kugel formen lässt.

Auf der bemehlten Arbeitsfläche die Kugel mit der Handfläche flach drücken. Erneut eine Kugel formen und den Vorgang wiederholen.
Die Kugel in Frischhaltefolie einwickeln und 30 Minuten im Kühlschrank ruhen lassen.

Herausnehmen und bei Zimmertemperatur weitere 15 Minuten ruhen lassen.
Mit einem bemehlten Nudelholz ausrollen und die Tartelettteförmchen damit auslegen.
In den Kühlschrank stellen. 15 Minuten vor dem Backen herausnehmen.
Den Ofen auf 180 °C vorheizen.

Die Nüsse und den Roquefort auf die Tartelettes aufteilen. Die Eier, die Crème fraîche, die Milch und den Vin Jaune verschlagen und über die Tartelettes geben.

Mein Tipp
Sie können den Vin Jaune durch trockenen dunklen Sherry ersetzen.

GRÜNER SPARGEL MIT NUSSVINAIGRETTE

Für 4 Personen
Vorbereitungszeit: 15 Minuten
Zubereitungszeit: 10 Minuten

Zutaten

85 g Walnüsse
2 EL Traubenkernöl
1 Bund Radieschen
150 g Crème fraîche
1 EL Senf
Saft von ½ Limette
500 g grüner Spargel
25 g Parmesanspäne
Salz, weißer Pfeffer aus der Mühle

Die Nüsse in einer Pfanne in dem Traubenkernöl leicht rösten.
Die Radieschen waschen und in feine Scheiben schneiden.
Die Nüsse fein hacken (einige für die Dekoration zurückbehalten). In einer kleinen Schüssel die gehackten Nüsse, die Crème fraîche, den Senf und den Limettensaft zu einer Remoulade vermengen. Mit Salz und Pfeffer würzen.

Das untere Drittel des Spargels schälen und ihn in 1,5 l Salzwasser weich kochen.

Den Spargel auf Tellern anrichten, 2 EL Remoulade sowie einige Radieschenscheiben darübergeben und mit den übrigen ganzen Nüssen und den Parmesanspänen bestreuen.

Mein Tipp
Dieses Rezept gibt Gerichten wie Gebratene Makrele auf Buchweizenrisotto (siehe Rezept Seite 48) eine frische Note.

KALBSLEBERSTREIFEN AUF TOPINAMBUR

Für 4 Personen
Vorbereitungszeit: 20 Minuten
Zubereitungszeit: 40 Minuten

Zutaten

450 g Kalbsleber
350 g Topinambur
40 g leicht gesalzene Butter
1 EL Traubenkernöl
4 EL Balsamessig
80 g Walnüsse
Pfeffer aus der Mühle

Bitten Sie Ihren Metzger, die Kalbsleber in 2 cm dicke Portionsscheiben zu schneiden.

Topinambur waschen und 30 Minuten in 2,5 l Wasser *al dente* kochen. Abgießen und dabei 100 ml Kochwasser auffangen. Den Topinambur schälen und in 5 mm dicke Scheiben schneiden.

Die Kalbsleber in einer großen Pfanne in 20 g Butter und dem Traubenkernöl bei lebhafter Hitze auf beiden Seiten anbraten. Mit Pfeffer übermahlen und mit dem Balsamessig ablöschen. Beiseite stellen und warm halten.

In derselben Pfanne die übrige Butter mit dem zurückbehaltenen Kochwasser erhitzen und die Topinamburscheiben sowie die Walnüsse dazugeben. Unter Rühren 3–4 Minuten köcheln lassen, bis nur noch einige EL Flüssigkeit vorhanden sind.

Die Kalbsleber in 3 cm breite Streifen schneiden und in die Pfanne geben.

Sofort mit weißem Reis servieren.

Mein Tipp
Sie können die Hälfte des Topinamburs durch weiße Rübchen ersetzen.

COCKTAIL VON MELONE, PECANNUSS UND ROTER ZWIEBEL

Für 4 Personen
Vorbereitungszeit: 15 Minuten
Zubereitungszeit: 15 Minuten

Zutaten

1 Charentaismelone
2 rote Zwiebeln
50 ml Olivenöl
6 EL Balsamessig
65 g Pecannüsse
½ Bund Estragon
Fleur de sel
Zerstoßener Pfeffer

Die Melone der Länge nach in 16 Schnitze teilen, Schale und Kerne entfernen und kühl stellen.

Den Ofen auf 210 °C vorheizen.

Die Zwiebeln schälen, in Achtel teilen, diese mit Olivenöl und 4 EL Balsamessig beträufeln und mit Fleur de sel und dem zerstoßenen Pfeffer bestreuen. 10 Minuten im Ofen garen. Die Pecannüsse hinzufügen und weitere 5 Minuten garen.

Den Estragon waschen und abzupfen.

Die Melone, die Pecannüsse und die Zwiebeln auf vier kleine Schüsseln verteilen, mit dem übrigen Essig beträufeln und vor dem Servieren mit Estragon dekorieren.

Mein Tipp
Servieren Sie diesen Salat in einem Martiniglas und geben in jedes Glas zusätzlich 1 TL Chartreuse, einen Kräuterlikör.

KIWI MIT SALZMANDELN

Für 4 Personen
Vorbereitungszeit: 10 Minuten
Zubereitungszeit: 30 Minuten

Zutaten

100 g Salz
50 g geschälte Mandeln
6 Kiwis
2 EL Zitronensaft

Den Ofen auf 160 °C vorheizen.

In einem kleinen Topf 500 ml Wasser zum Kochen bringen, das Salz darin auflösen und die Mandeln dazugeben. Herausnehmen, abtropfen lassen und auf dem Backblech 30 Minuten im Ofen rösten. Die Mandeln müssen knackig und leicht mit Salz überzogen sein.

Die Kiwis schälen, in Würfel von etwa 2,5 cm schneiden und mit dem Zitronensaft beträufeln.

Mein Tipp
Genießen Sie diese Köstlichkeit zum Aperitif als Begleiter zu einem trockenen Weißwein wie Sauvignon Blanc oder Riesling.

ROTBARBE MIT MANDELBLÄTTCHEN

Für 4 Personen
Vorbereitungszeit: 15 Minuten
Zubereitungszeit: 20 Minuten

Zutaten

8 Rotbarben à 120 g
75 ml Olivenöl
80 g Mandelblättchen
2 Tomaten
Fleur de sel
Weißer Pfeffer aus der Mühle

Bitten Sie Ihren Fischhändler, die Rotbarben zu filetieren.

Die Mandelblättchen in einer Pfanne in 25 ml Olivenöl rösten und abkühlen lassen. Die Tomaten mit kochendem Wasser übergießen, die Haut abziehen und die Kerne entfernen. In kleine Würfel schneiden und mit den Mandeln vermengen. Mit Salz und Pfeffer würzen.

Die Rotbarben im übrigen Olivenöl in einer zweiten Pfanne rasch auf beiden Seiten anbraten und mit Fleur de sel und Pfeffer würzen.

Je 4 Rotbarbenfilets auf vorgewärmten Tellern anrichten und mit Mandelblättchen bestreuen.

Mein Tipp
Um daraus eine vollständige Mahlzeit zu machen, geben Sie den Fisch auf einen Teller mit Pasta mit Basilikum und getrockneten Tomaten (siehe Rezept Seite 124) und ersetzen dabei die Pinienkerne durch die Mandelblättchen.

BRIOCHE AUS ROTEN GEBRANNTEN MANDELN

Für 6 Brioches
Vorbereitungszeit: 25 Minuten
Kühlzeit: über Nacht
Ruhezeit: 3 Stunden
Zubereitungszeit: 15 Minuten

Zutaten

250 g Mehl
5 g Salz
45 g Zucker
12 g Bäckerhefe
40 g Sauerteig (siehe Rezept Seite 94)
5 Eier
125 g Butter
3 g Vanillearoma
75 g rote gebrannte Mandeln

Die Zutaten müssen sehr kühl sein, sonst ist der Teig nach dem Kneten zu warm.

Am Vorabend

Mehl, Salz, Zucker, Hefe, Sauerteig und 4 Eier in die Rührschüssel der Küchenmaschine geben (dabei den direkten Kontakt zwischen Salz und Hefe vermeiden), 5 Minuten vermengen und bei höchster Geschwindigkeit 6 Minuten kneten. Nach und nach die Butter dazugeben.

Bei niedriger Geschwindigkeit die Vanille und die gebrannten Mandeln hinzufügen (einige für die Dekoration zurückbehalten). Kneten, bis ein glatter, homogener Teig entstanden ist.

Aus dem Teig eine Kugel formen und 40 Minuten ruhen lassen. Den Teig in Frischhaltefolie wickeln und über Nacht in den Kühlschrank stellen.

Am Tag darauf

Den Teig 20 Minuten vor der Zubereitung aus dem Kühlschrank nehmen, in 6 gleich große Stücke (von etwa 50 g) teilen und mit der Handfläche ohne zu großen Druck Teigscheiben formen. Daraus Kugeln formen und 20 Minuten ruhen lassen.

Die Brioches auf ein mit Backpapier ausgelegtes Backblech legen, mit einem feuchten Tuch bedecken und 2 Stunden bei Zimmertemperatur gehen lassen.
Den Ofen auf 160 °C vorheizen.

Das übrige Ei verschlagen und die Brioches damit einpinseln. Darauf einige gebrannte Mandeln zur Dekoration geben. 15 Minuten backen.

Mein Tipp
Unmittelbar vor dem Servieren jedes Brioche mit 1 TL Mandellikör beträufeln.

BLANC-MANGER* MIT MANDELN UND ERDBEERCOULIS**

Für 4 Personen
Vorbereitungszeit: 10 Minuten
Kühlzeit: 3 Stunden
Zubereitungszeit: 10 Minuten

Zutaten

2 Blätter Gelatine (4 g)
150 g Crème fraîche
150 ml Mandelmilch
250 g Erdbeeren
50 g brauner Zucker

Die Gelatineblätter in einem Glas Wasser einweichen und nach einigen Minuten abgießen.

Die Crème fraîche mit der Mandelmilch in einem Topf zum Kochen bringen. Von der Kochstelle nehmen und die Gelatine unterrühren. In kleine Schüsseln füllen.

Die Erdbeeren waschen, mit dem Zucker zu einem Coulis pürieren und mindestens 3 Stunden in den Kühlschrank stellen.

Das Coulis über das Blanc-manger geben und servieren.

Mein Tipp
Während der Saison gebe ich gern weitere rote Früchte wie Himbeeren, Walderdbeeren, Johannisbeeren etc. zum Coulis.

* Süße Geleespeise aus Mandelmilch.
** Konzentrierter Saft oder feinflüssiges Püree.

SPANISCHE MUSCHELN MIT PINIENKERNEN UND MINZE

Für 4 Personen
Vorbereitungszeit: 15 Minuten
Zubereitungszeit: 10 Minuten

Zutaten

24 große spanische Miesmuscheln
70 g Pinienkerne
½ Bund Minze
50 g Butter
Salz, weißer Pfeffer aus der Mühle

Die Muscheln vom Fischhändler öffnen lassen oder selbst mit einem kleinen Küchenmesser öffnen. Die Muscheln in der Schale lassen.

Den Ofen auf 180 °C vorheizen.

Die Pinienkerne auf dem Backblech leicht rösten.

Die Minze waschen und abzupfen. Fein hacken, mit der Butter vermengen und die Pinienkerne dazugeben. Mit Salz und Pfeffer würzen. Die Mischung auf die Muscheln geben. Die Muscheln auf das Backblech setzen und 5 Minuten im Ofen garen.

Heiß servieren.

Mein Tipp
Sie können den Muscheln mehr spanische Würze verleihen, indem Sie 25 g Chorizo in die Füllung geben.

PASTA MIT BASILIKUM UND GETROCKNETEN TOMATEN

Für 4 Personen
Vorbereitungszeit: 15 Minuten
Zubereitungszeit: 10 Minuten

Zutaten

20 ml Olivenöl
80 g Pinienkerne
120 g getrocknete, in Olivenöl eingelegte Tomaten
60 g frisch geriebener Parmesan
1 Bund Basilikum
500 g Penne
Salz, Pfeffer aus der Mühle

Die Pinienkerne in einer Pfanne im Olivenöl leicht rösten. Die Hälfte davon mit den in kleine Stücke geschnittenen getrockneten Tomaten einschließlich Olivenöl vermengen und 40 g Parmesan dazugeben. Mit Salz und Pfeffer würzen.

Das Basilikum waschen und abzupfen, die Blätter in sehr feine Streifen schneiden.

Die Pasta in reichlich Salzwasser *al dente* kochen (Kochzeit siehe Packung) und abgießen.

Die Pasta mit den Tomaten und den Pinienkernen vermengen.

Jeden Teller mit den übrigen Pinienkernen, dem übrigen Parmesan und dem fein geschnittenen Basilikum bestreuen.

Mein Tipp
In vorgewärmten tiefen Tellern servieren.

LACHSRAVIOLO MEDITERRAN

Für 4 Personen
Vorbereitungszeit: 20 Minuten
Zubereitungszeit: 35 Minuten

Zutaten

3 Tomaten
25 ml Olivenöl
40 g Pinienkerne
1 Fenchelknolle (250 g)
½ Zitrone
8 feine Scheiben Räucherlachs (360 g)
Fleur de sel
Pfeffer aus der Mühle

Den Ofen auf 210 °C vorheizen.

Die Tomaten waschen und sechsteln. Mit 15 ml Olivenöl beträufeln, mit Fleur de sel bestreuen und mit Pfeffer übermahlen. Auf einem Backblech 15 Minuten im Ofen garen. Die Pinienkerne in einer kleinen Pfanne im übrigen Olivenöl leicht rösten.

Den Fenchel waschen und in kleine Würfel schneiden. Mit der Zitrone in einen kleinen Topf geben, mit Wasser bedecken und Salz dazugeben. 15 Minuten kochen, bis der Fenchel weich ist, aber noch Biss hat. Die Zitrone entfernen und abgießen.

Die Tomaten hacken, mit dem Fenchel und den Pinienkernen vermengen. Mit dem Pfeffer übermahlen. Aus dem Lachs jeweils eine Scheibe mit 10 cm Durchmesser ausstechen.

Auf jeden Teller 1 Scheibe Lachs geben, darauf 1 EL der Tomaten-Fenchel-Mischung setzen und mit einer zweiten Scheibe bedecken. So entstehen 4 Ravioli.

Mein Tipp
Genießen Sie diese Köstlichkeit mit einem Glas Champagner Blanc de Blancs*.

* Ein ausschließlich aus weißen Trauben (Chardonnay) hergestellter Champagner

PINIENKERNKUCHEN

Für zwei Kuchen
Vorbereitungszeit: 15 Minuten
Zubereitungszeit: 30 Minuten

Zutaten

250 g sehr weiche Butter
125 g Zucker
185 g Tannenhonig
3 Eier
250 g Weizenmehl Type 550
½ Päckchen Backpulver (5 g)
150 g Pinienkerne

Die Butter, den Zucker und 125 g Honig in der Küchenmaschine verrühren. Nach und nach die Eier, dann das Mehl und das Backpulver hinzufügen. Die Pinienkerne vorsichtig unterheben.

Den Ofen auf 180 °C vorheizen.

Den Teig in zwei Kuchenformen geben und 30 Minuten backen, bis er Farbe genommen hat. Der Kuchen ist fertig, wenn man mit einer Messerklinge hineinsticht und beim Herausziehen nichts daran hängen bleibt.

Den übrigen Honig in einem kleinen Topf mit 3 EL Wasser leicht erhitzen.

Den Kuchen damit einpinseln, sobald er aus dem Ofen kommt.

Mein Tipp
Dieser Kuchen lässt sich gut aufbewahren. Wickeln Sie ihn nach dem Erkalten in Frischhaltefolie ein.

ZIEGENKÄSE-TOMATEN-SCHIFFCHEN

Für 4 Personen
Vorbereitungszeit: 15 Minuten
Zubereitungszeit: 15 Minuten

Zutaten

2 Tomaten
4 Brötchen à 60 g
20 ml Olivenöl
150 g frischer Ziegenkäse
125 g aufgeschlagener Joghurt
50 g Korinthen
Einige Minzeblüten
Salz, weißer Pfeffer aus der Mühle

Die Tomaten mit kochendem Wasser übergießen, die Haut abziehen und die Kerne entfernen. Die Tomaten vierteln.

Den Ofen auf 160 °C vorheizen.

Die Brötchen der Länge nach aufschneiden, etwas aushöhlen und beide Innenseiten mit Öl bestreichen. 5 Minuten im Ofen auf einem Gitter rösten.

Die Temperatur auf 180 °C erhöhen.

Den Ziegenkäse, den Joghurt und die Korinthen vermengen. Mit Salz und Pfeffer würzen. Zusammen mit den Tomaten auf die Unterseite der Brötchen geben und 10 Minuten im Ofen garen.

Mit den Minzeblüten dekorieren und die Oberseite der Brötchen darauf setzen. Sofort servieren.

Mein Tipp
Ich serviere diese Schiffchen gern zum Aperitif mit Sellerie- und Paprikastreifen.

SÜSSE SCHMORKAROTTEN

Für 4 Personen
Vorbereitungszeit: 15 Minuten
Zubereitungszeit: 25 Minuten

Zutaten

300 g Karotten
1 Zimtstange
1 Sternanis
1 getrocknete Zitrone
(in Feinkostgeschäften erhältlich)
40 g brauner Zucker
50 ml trockener Weißwein
60 g Rosinen
Pfeffer aus der Mühle

Die Karotten schälen und in 5 mm dicke Scheiben schneiden.

Die Gewürze (Pfeffer, Zimt, Sternanis), die getrocknete Zitrone und den Zucker in einem kleinen Topf 5 Minuten erhitzen. Den Wein hinzufügen, so dass ein Sirup entsteht.
Die Karotten und die Rosinen dazugeben, die Hitze reduzieren und zugedeckt 20 Minuten köcheln lassen.

Gelegentlich umrühren.

Vor dem Servieren die Gewürze entfernen.

Mein Tipp
Dazu reiche ich ein schmackhaftes Fleischgericht wie Kalbsleberstreifen auf Topinambur (siehe Rezept Seite 108).

VANILLE-KOKOS-REIS MIT ROSINEN

Für 4 Personen
Vorbereitungszeit: 15 Minuten
Zubereitungszeit: 35 Minuten

Zutaten

1 Vanillestange
250 g Rundkornreis
400 ml Kokosmilch
200 ml Milch
150 g brauner Zucker
100 g Rosinen
Saft und Schale von ½ unbehandelten Limette
1 Eigelb

Die Vanillestange der Länge nach aufschlitzen.
Die Kokosmilch, die Milch und den Zucker in einem kleinen Topf erhitzen, den Reis und die halbierte Vanillestange hinzufügen und 25 Minuten unter häufigem Rühren köcheln lassen, bis die Masse eine cremige Konsistenz hat.

Die Rosinen, den Saft der Limette und die Zesten der Schale hinzufügen und das verschlagene Eigelb einarbeiten. In Schalen oder großen Gläsern servieren.

Mein Tipp
Wenn nur Erwachsene dieses Dessert essen, können Sie die Rosinen in 20 ml Rum einweichen.

GEFÜLLTE PFLAUMENBONBONS

Für 4 Personen
Vorbereitungszeit: 15 Minuten
Zubereitungszeit: 10 Minuten

Zutaten

20 Dörrpflaumen
1 Bund Minze
200 g Hackfleisch (vorzugsweise vom Lamm)
1 Schalotte
Salz, Pfeffer aus der Mühle

Die Dörrpflaumen entsteinen, die Früchte dabei ganz lassen.

Die Minze waschen und abzupfen. Evtl. vorhandene Blüten beiseite stellen. Die Schalotte fein würfeln.

Das Hackfleisch, die Schalotte und die Minze vermengen. Mit Salz und Pfeffer würzen. Die Dörrpflaumen mit dieser Masse füllen und auf Spieße stecken.

Den Ofen auf 180 °C vorheizen.

Die Spieße auf einem mit Backpapier ausgelegten Backblech 10 Minuten garen.

Mein Tipp
Diese Bonbons zum Aperitif mit einer Schale Joghurt oder Buttermilch als Dip servieren.

ZUCCHINISANDWICH MIT PFLAUMENCREME

Für 4 Personen
Vorbereitungszeit: 20 Minuten
Zubereitungszeit: 15 Minuten

Zutaten

50 g entsteinte Dörrpflaumen
70 g Ricotta
4 kleine Zucchini
20 ml Olivenöl
4 feine Scheiben geräucherter Schinken
Salz, Pfeffer aus der Mühle

Die Dörrpflaumen fein hacken und mit dem Ricotta vermengen. Mit Salz und Pfeffer würzen.

Den Ofen auf 180 °C vorheizen.

Die Zucchini der Länge nach aufschneiden und mit dem Clivenöl beträufeln Mit Salz und Pfeffer würzen.
Mit der Schnittfläche nach unten auf ein Backblech geber und 10 Minuten grillen.
Den Ofen nicht abschalten.

Die Schinkenscheiben der Länge nach in drei Streifen schneiden.

Die Pflaumen-Ricotta-Mischung auf eine Zucchinihälfte geben, die andere daraufsetzen.
Die Zucchinisandwichs mit je drei Schinkenstreifen umwickeln und vor dem Servieren 5 Minuten im Ofen erwärmen.

Mein Tipp
Sie können die Zucchini durch gegrillte Paprikaschoten ohne Haut ersetzen.

PFLAUMENCLAFOUTIS

Für 4 Personen
Vorbereitungszeit: 15 Minuten
Backzeit: 40 Minuten

Zutaten

200 ml Milch
2 Eigelb
30 g Vanillepuddingpulver
30 g gemahlene Mandeln
2 Eier
250 g Crème fraîche
2 EL Pflaumenschnaps
120 g Zucker
100 g entsteinte Dörrpflaumen

Die Eier mit der Milch verschlagen. Das Puddingpulver und die Mandeln vermengen. Beides in eine Schüssel geben und gut verrühren.

Die Crème fraîche und den Pflaumenschnaps hinzufügen und den Zucker unterrühren.

Den Ofen auf 180 °C vorheizen

Die Dörrpflaumen in eine mit Backpapier ausgelegte Backform geben und den Teig vorsichtig über die Pflaumen gießen. Etwa 40 Minuten im Ofen backen. Der Clafoutis muss am Ende der Backzeit fest sein.

Mein Tipp
Gegen Ende der Backzeit immer wieder nachschauen, damit der Clafoutis weder zu weich noch zu hart wird.

FEIGENSALAT MIT KIRSCHTOMATEN UND OREGANO

Für 4 Personen
Vorbereitungszeit: 15 Minuten

Zutaten

200 g getrocknete Feigen
400 g Kirschtomaten
35 ml Olivenöl
1 Clementine
3 EL Zitronensaft
1 Bund Oregano
Fleur de sel
Zerstoßener Pfeffer

Die getrockneten Feigen in feine Streifen schneiden.

Die Kirschtomaten waschen und 300 g davon halbieren. Die übrigen mit dem Olivenöl, dem Clementinen- und dem Zitronensaft im Mixer zu einer Vinaigrette pürieren.

Den Oregano waschen und abzupfen.

Die Feigen, die halbierten Kirschtomaten und die Vinaigrette in einer großen Schüssel vermengen.

Mit Salz und Pfeffer würzen. Den Oregano darüberstreuen.

Mein Tipp
Versuchen Sie, für diesen Salat die geschmacksintensiven türkischen Feigen zu bekommen.

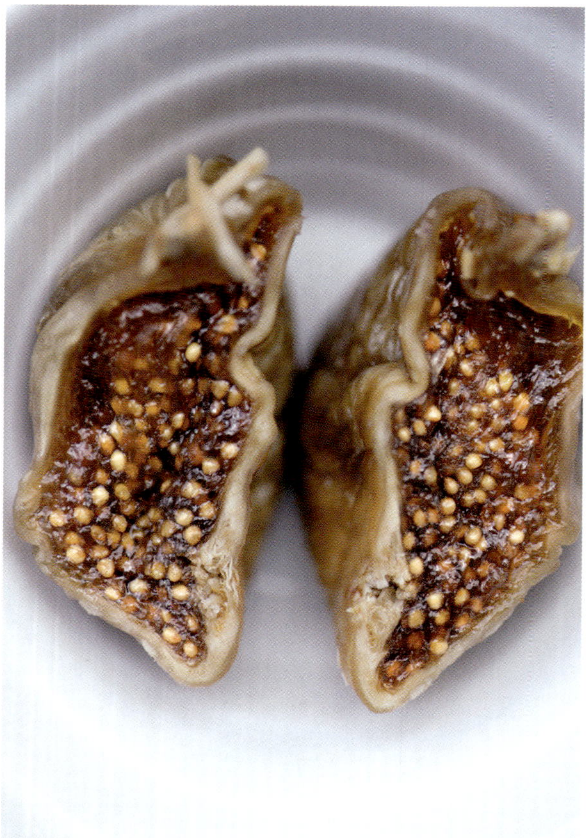

ENTENBRUST MIT APFEL UND FEIGENBROT

Für 4 Personen
Vorbereitungszeit: 20 Minuten
Zubereitungszeit: 10 Minuten

Zutaten

2 Äpfel Royal Gala
½ unbehandelte Zitrone
1 Feigenbrot à 230 g in Scheiben
200 g geräucherte Entenbrust in Scheiben
Fleur de sel
Zerstoßener Pfeffer

Die Äpfel waschen, vierteln, das Kerngehäuse entfernen und in 5 mm dicke Scheiben schneiden. Mit dem Saft der Zitrone beträufeln und die Zesten der Schale darübergeben.

Die Brotscheiben toasten und jede Scheibe dritteln.

Die Entenbrustscheiben ohne Fett anbraten (das anhängende Fett genügt), einige Minuten abkühlen lassen und mit den Apfelscheiben sowie den Brotstücken vermengen.
Mit Salz und Pfeffer würzen.

Mein Tipp
Wenn Sie kein Feigenbrot finden können, verwenden Sie Bauernbrot und braten 45 g fein geschnittene getrocknete Feigen mit der Entenbrust.

GEFLÜGELLEBER AUF PRINZESSBOHNEN MIT FEIGENCREME

Für 4 Personen
Vorbereitungszeit: 20 Minuten
Zubereitungszeit: 25 Minuten

Zutaten

500 g Geflügelleber
60 g getrocknete Feigen
150 ml Weißwein (vorzugsweise Riesling)
20 g Butter
5 g Berberitze oder falscher roter Pfeffer, ein leicht nach Hagebutte schmeckendes Beerengewächs
250 g Prinzessbohnen
10 ml Olivenöl
Fleur de sel
Pfeffer aus der Mühle

Die Geflügelleber säubern und die beiden Leberlappen trennen.

Die Feigen in kleine Würfel schneiden. 100 ml Wein und 100 ml Wasser in einem kleinen Topf zum Kochen bringen, die Feigen hineingeben und die Hitze reduzieren. Wenn die Masse cremig wird und die Feigen geschmolzen sind, von der Kochstelle nehmen. 5 g Butter sowie die Berberitze hinzufügen und salzen.

Die Bohnen in einem Topf in kochendem Wasser 3–4 Minuten blanchieren.

Die Geflügelleber in einer großen Pfanne im Öl und in der übrigen Butter anbraten und mit dem übrigen Wein ablöschen. Mit Salz und Pfeffer würzen.

Die Bohnen auf vorgewärmten Tellern anrichten, die Geflügelleber darauf anrichten und mit der Feigencreme beträufeln.

Mein Tipp
Um die Sauce noch schmackhafter zu machen, ersetzen Sie das Wasser durch 100 ml klare Hühnerbrühe.

MERLAN IM SCHLAFROCK

Für 4 Personen
Vorbereitungszeit: 20 Minuten
Zubereitungszeit: 35 Minuten

Zutaten

4 Merlane à 250 g
300 g Kartoffeln der Sorte Vitelotte (Chinatrüffel)
15 ml Olivenöl
4 Eier
120 g Kastanienmehl
40 ml Traubenkernöl
4 EL Zitronensaft
Fleur de sel
Salz, Pfeffer aus der Mühle

Bitten Sie Ihren Fischhändler, die Merlane zu filetieren.

Den Ofen auf 200 °C vorheizen.

Die Kartoffeln waschen, mit Olivenöl beträufeln und mit Fleur de sel und Pfeffer bestreuen. Auf einem Backblech 25 Minuten im Ofen garen.

Die Eiweiße mit Salz und Pfeffer zu festem Schnee schlagen. Die Eigelbe mit 50 g Kastanienmehl verrühren und den Eischnee unterheben.

Die Fischfilets mit dem übrigen Kastanienmehl bestäuben, durch die Eimischung ziehen und in einer Pfanne im Traubenkernöl auf beiden Seiten anbraten.

Den Fisch mit Zitronensaft beträufeln und mit den Kartoffeln servieren.

Mein Tipp
Um den traditionellen Geschmack von *fish and chips* zu erhalten, ersetzen Sie den Zitronensaft durch Essig.

LACHSSPIESSE MIT SÜSSSAUREN KASTANIEN

Für 4 Personen
Vorbereitungszeit: 20 Minuten
Kühlzeit: 1 Stunde
Zubereitungszeit: 8 Minuten

Zutaten

2 große Frühlingszwiebeln
500 g Lachsfilet
120 g ganze Kastanien in Sirup
4 EL Reisessig
2 EL Sojasauce
1 TL geriebener Ingwer

Die Zwiebeln fein würfeln.
Den Lachs in Würfel von 2 cm schneiden.

Die Kastanien abgießen, den Sirup auffangen und zusammen mit dem Reisessig, der Sojasauce und dem Ingwer zu einer Vinaigrette vermengen.

Die Lachswürfel abwechselnd mit den Kastanien auf 8 Spieße stecken, mit der Hälfte der Vinaigrette marinieren und 1 Stunde in den Kühlschrank stellen.

Die übrige Vinaigrette mit den Zwiebeln vermengen.

Den Ofen auf 210 °C vorheizen.

Die Spieße auf einem mit Backpapier ausgelegten Backblech 5–8 Minuten im Ofen grillen, bis der Lachs die gewünschte Farbe hat. Die Zwiebelvinaigrette darübergeben.

Mein Tipp
Sie können für die Spieße auch abwechselnd Lachs-, Thunfisch- und Kabeljauwürfel verwenden. Nehmen Sie dann 160 g von jedem Fisch.

KASTANIENBROT MIT APRIKOSEN UND PISTAZIEN

Für 4 Personen
Vorbereitungszeit: 15 Minuten
Marinierzeit: 3 Stunden
Zubereitungszeit: 10 Minuten

Zutaten

12 Aprikosen
45 g brauner Zucker
1 EL Armagnac
40 g Crème fraîche
80 g Maronencreme
1 Kastanienbrot à 230 g in Scheiben
20 g zerstoßene Pistazien

Die Aprikosen halbieren (die Steine entfernen), mit dem Zucker und dem Armagnac vermengen und bei Zimmertemperatur 3 Stunden marinieren.

Den Ofen auf 160 °C vorheizen.

Die Crème fraîche mit der Maronencreme verrühren.

Das Brot auf beiden Seiten toasten und mit der Creme bestreichen. Die Aprikosen daraufsetzen, die Pistazien darüberstreuen und 5 Minuten im Ofen grillen.

Mit einer Kugel Pistazieneis servieren.

Mein Tipp
Sie können die Aprikosen durch rote Pampelmusenschnitze ersetzen.

REZEPTREGISTER

Brotrezepte

Häppchen zum Aperitif

Vorspeisen

Hauptspeisen

Beilagen und Salate

Desserts

Dank

Ich danke sehr herzlich allen, die mir bei der Realisierung dieses Buchs geholfen haben:
Yaïr Yosefi, Clay McLachlan und Julien Desrée.

Ebenso unseren Lieferanten:
Hugo Desnoyer
Joël Thiébault
Pasta linea
La poissonnerie Dominique Maury
La société Deroche
M. Khaled
Sens Gourmet
Ercuis & Raynaud

Titel der französischen Originalausgabe
Mes recettes: Céréales, Graines et Fruits Secs

Koordination: AIO Buch und Bücher, Dr. Günther Fetzer, München
Lektorat: Ria Lottermoser-Fetzer
Satz: Carmen Marchwinski, München
Druck: MKT Print

Printed in Slovenia

ISBN 978-2-08-020068-6
Dépôt legal 9/2008

Flammarion SA
87, quai Panhard et Levassor
F-75647 Paris Cedex 13

www.editions.flammarion.com